U0016964

孟子重探

李明輝 著

序

　　1993及1994年筆者和鍾彩鈞先生爲中央研究院中國文哲研究所推動「孟子學主題研究計畫」，邀請國內外學者約二十人參加。　爲此，我們於1994年5月20及21日舉辦了一場「孟子學國際研討會」，並且編了一套《孟子學研究叢刊》（目前已出版了五冊），收羅此項計畫參與者及其他學者在這方面的研究成果。

　　筆者曾在《孟子思想的哲學探討》一書的〈導論〉中將我們推動此一研究計畫的理由陳述如下：

> 清代以還，孟子的性善説已不大能爲學者所理解，不時有人對此説提出質疑、乃至批判。民國以來，在西方文化的強烈影響下，孟子思想在中國的知識界更乏解人。一般知識分子或許會贊許其民本思想，視之爲過渡到民主思想的預備階段；但對於其性善説，多半認爲它經不起現代科學思想的考驗，至多視之爲一種主觀的善良願望。〔…〕臺灣的學術界往往從現代心理學與社會科學的角度來質疑孟子的性善説。中國大陸的學術界過去在馬、列教條的禁錮之下，將孟子思

想定位為反映封建地主階級利益的唯心論系統，自然
不會贊同其性善說。八十年代以來，中國大陸的學術
界逐漸開放，馬、列教條的限制有逐漸鬆動之勢，但
是在孟子思想的研究方面，並無多少成績可言。根據
筆者對於中國大陸近十餘年來孟子學研究的粗略印
象，多數論文仍無法擺脫唯心、唯物的思想框框；少
數論文雖已不再使用這套框框，但仍無法接上現代學
術的脈動。民國以來，在中國的學術界真能接上孟子
思想的慧命，並且能面對現代學術的挑戰的，大概只
有一般所謂的「當代新儒家」了。除此之外，孟子思
想在二十世紀的中國，可謂難覓解人。〔…〕
據筆者的淺見，孟子的心性論、乃至道德哲學，縱使
放在現代學術的脈絡中，仍是極具意義的一套思想。
當然，這需要經過一番重建的過程，透過現代學術的
概念將孟子思想納入現代學術的脈絡中，使它與現代
人的問題意識相激盪。譬如，我們可以問：孟子的心
性論如何面對現代心理學的成果，而有一個恰當的定
位？其道德哲學如何面對現代社會科學的可能質疑而
自我證成？我們也可以提出一個韋伯式的問題：孟子
的政治、經濟思想與現代化的關係如何？是阻力還是
助力？抑或可以在經過轉化後成為助力？筆者相信：
孟子思想就像過去其他具有原創性的思想一樣，在經
過重新詮釋之後，可以提供許多可貴的思想資源，幫
助我們去面對現代社會的種種問題。這正是我們推動

「孟子學主題研究計畫」的主要目的。[1]

在我們的研究成果陸續發表之後,有些學界的朋友對我們表示肯定與鼓勵,認爲我們的研究開發了一些新議題,開拓了一些新視野,也提出了一些新的研究進路。筆者在推動此一研究計畫的過程中,也不斷發現新的問題,而深感有繼續深入探討之必要。故在此一計畫結束之後,筆者仍繼續思考相關的問題,又先後撰寫了四篇論文,加上爲此一計畫所撰寫的〈《孟子》知言養氣章的義理結構〉一文,共累積了十餘萬字的研究成果。爲了便於學界同行的參考與指正,如今將這五篇論文輯成一冊。這是筆者繼《康德倫理學與孟子道德思考之重建》(臺北:中央研究院中國文哲研究所,1994年)之後,第二本關於孟子思想的書。

〈《孟子》知言養氣章的義理結構〉是在上述的「孟子學國際研討會」中發表之論文,其後收入筆者所編的論文集《孟子思想的哲學探討》。筆者並將此文改寫成德文,刊於德國期刊*Oriens Extremus* [2]。在《孟子》書中,〈公孫丑上〉第二章(一般稱爲「知言養氣章」)是極具理論關鍵性的一章,因爲它涉及孟子的基本觀點(特別是「仁義內在」說)及他與告子間的爭論。然此章向來號稱難解;尤其是對於告子的「不得於言,勿求於心;不得於心,勿求於氣」一語,以及孟子反對告子的理由,歷來的詮釋者無數,

---

[1] 李明輝編:《孟子思想的哲學探討》(臺北:中央研究院中國文哲研究所,1995年),〈導論〉,頁2-3。

[2] Ming-huei Lee: "Die Autonomie des Herzens - Eine philosophische Deutung der ersten Hälfte von *Meng-tzu* 2A:2", *Oriens Extremus*, 38. Jg. (1995), Heft 1/2, S. 7-16.

但難有善解。筆者在此文中同時從語法和義理這兩個層次入手，嘗試為此章提出一種可能的新詮釋。

〈孟子王霸之辨重探〉一文首先發表於中央研究院中國文哲研究所於1998年5月16日舉辦之「孟子學研討會」，其後刊於《中國文哲研究集刊》第13期（1998年9月）。此文透過關於孟子「王霸之辨」的討論來說明其思想中道德與政治的關係，而展示了與前人不同的詮釋角度。

〈焦循對孟子心性論的詮釋及其方法論問題〉一文係臺灣大學推動的「中國的經典詮釋傳統」研究計畫之成果，曾先後於臺灣大學主辦的「中國的經典詮釋傳統」研討會（1999年3月27日）及香港城市大學主辦的「經典與評注：中國闡釋學傳統國際研討會」（1999年10月15及16日）中宣讀，其後刊於《臺大歷史學報》第24期（1999年12月）。此文係以焦循對孟子心性論的詮釋為例，來檢討乾嘉漢學的方法論，並指出其盲點。

〈再論牟宗三先生對孟子心性論的詮釋〉則是在鵝湖雜誌社、山東大學、中國孔子基金會與中央研究院共同主辦而於山東濟南舉行的「牟宗三與當代新儒學國際學術會議」（1998年9月5至7日）中發表。筆者過去曾發表〈儒家與自律道德〉一文[3]，討論牟宗三先生對孟子心性論的詮釋，並且反駁黃進興先生對牟先生的批評。〈再論〉一文則是針對後續的討論所作之進一步的回應與檢討。

---

3 原刊於《鵝湖學誌》第1期（1988年5月），後收入拙著：《儒家與康德》（臺北：聯經出版公司，1990年）。

　　本書所收的最後一篇論文〈性善說與民主政治〉是中央研究院中國文哲研究所推動的「當代儒學主題研究計畫」之成果，最初於1995年4月22及23日該計畫的研討會中發表，其後收入劉述先先生所編的論文集《當代儒學論集：挑戰與回應》（臺北：中央研究院中國文哲研究所，1995年）。此文主要是針對「民主政治必須預設對人性的不信任」的流行觀點，探討將孟子的性善說與民主理論相結合之可能性。

　　以上五篇論文雖是在不同的機緣下先後撰成，卻有一貫的思考線索，即是從現代的觀點與問題意識重新詮釋孟子的思想，故以《孟子重探》為總標題。在邁入二十一世紀之際，整個中國文化圈已逐漸顯示出一股力圖擺脫百年來占居主流的反傳統思想之趨勢，而體認到：人類理性之發展必須透過對文化傳統的重新詮釋而取得動力。本書之作可視為這種努力的一部分，希望能與學界同道分享，並得到其坦率的指正。筆者曾因〈《孟子》知言養氣章的義理結構〉及〈孟子王霸之辨重探〉二文而得到行政院國家科學委員會的研究獎勵，且因後一文得到傑出研究獎，藉此出版之機緣特致謝忱。

李明輝

目次

《孟子》知言養氣章的義理結構

1

　　《孟子・公孫丑篇》第二章記載孟子關於「知言」與「養氣」的理論，故通常稱爲〈知言養氣章〉。此章所包含的哲學思想極爲豐富，但因文字簡要，意義難明，以致在歷代的詮釋者當中引起不少爭論。這些爭論涉及兩個層次，即文字章句的層次和義理結構的層次。在筆者看來，歷代學者對此章的詮釋或偏於文字章句之訓詁，或偏於義理結構之闡釋，鮮能兼顧二者。過去的漢、宋之爭涉及訓詁與義理的本末先後關係。宗漢學者強調「有詁訓而後有義理」[1]，宗宋學者則反詰道：「若不以義理爲之主，則彼所謂訓詁者，安可恃以無差謬也？」[2] 其實，訓詁與義理二者分別屬於詮釋的兩個相互獨立、而又相互關聯

---

1 語出錢大昕〈經籍籑詁序〉，見其《潛研堂文集》（臺北：臺灣商務印書館，1978年，《四部叢刊》正編第89冊），卷24，頁13下。

2 見方東樹：《漢學商兌》（臺北：廣文書局，1977年），卷中之下，頁10下。

之層次，我們無法簡單地將一者化約爲另一者。就二者之相互
獨立而言，字義與語法基本上是約定俗成的，而非出於思想家
之創造；但是反過來說，文獻所涵的義理亦非透過文字章句之
訓詁所能完全確定，而有所謂「義理有時實有在語言文字之外
者」[3] 的情況。就二者之相互關聯而言，我們固然須透過文字章
句之訓詁來理解文獻所涵的義理，但由於文字本身所具的歧義
性，特定字句在特定文脈中的意義有時反而要透過義理之解讀
才能確定。這便形成當代西方詮釋學中所謂的「詮釋學循環」。

　　本文旨在闡釋此章所涵的基本義理，自然無法避免「詮釋
學循環」的問題，而涉及字義與語法之討論。歷代注疏家有關
本章字句的訓詁儘管汗牛充棟，但若干字句的訓詁對於本章基
本義理之理解並無太大的重要性。因此，除非必要，本文將儘
量避免牽涉到這類的討論，以免因枝蔓過多而使論點分散。質
言之，本文的討論將集中在以下幾個義理問題：

1.「不動心」的意義爲何？其類型如何畫分？
2. 何謂「知言」？何謂「養氣」？兩者之關係爲何？
3. 孟子何以批評告子之「不動心」？兩人所根據的義理架構有何
　　不同？
4. 告子何以主張「不得於言，勿求於心；不得於心，勿求於氣」？孟
　　子何以說「不得於心，勿求於氣，可；不得於言，勿求於心，不可」？

在上述諸問題當中，第四個問題最具關鍵性，但也最難解。由

---

3 同上註，頁11上。

於前三個問題均環繞著這個問題，這個問題若得不到恰當的解答，我們便不可能把握全章的義理結構。

這些問題主要出現在〈知言養氣章〉的前半部，為了便於討論，我們不妨將這整段文字摘錄於下，並且根據討論的進展將全文分為四段。

1. 公孫丑問曰：「夫子加齊之卿相，得行道焉，雖由此霸王，不異矣。如此，則動心否乎？」孟子曰：「否。我四十不動心。」曰：「若是，則夫子過孟賁遠矣。」曰：「是不難，告子先我不動心。」曰：「不動心有道乎？」曰：「有。北宮黝之養勇也，不膚撓，不目逃，思以一豪挫於人，若撻之於市朝；不受於褐寬博，亦不受於萬乘之君；視刺萬乘之君，若刺褐夫，無嚴諸侯；惡聲至，必反之。孟施舍之所養勇也，曰：『視不勝猶勝也；量敵而後進，慮勝而後會，是畏三軍者也。舍豈能為必勝哉？能無懼而已矣。』孟施舍似曾子，北宮黝似子夏。夫二子之勇，未知其孰賢，然而孟施舍守約也。昔者曾子謂子襄曰：『子好勇乎？吾嘗聞大勇於夫子矣：自反而不縮，雖褐寬博，吾不惴焉？自反而縮，雖千萬人，吾往矣。』孟施舍之守氣，又不如曾子之守約也。」

2. 曰：「敢問夫子之不動心與告子之不動心，可得聞與？」「告子曰：『不得於言，勿求於心；不得於心，勿求於氣。』不得於心，勿求於氣，可；不得於言，勿求於心，不可。夫志，氣之帥也；氣，體之充也。夫志至焉，氣

次焉。故曰：『持其志，無暴其氣。』」「既曰『志至
焉，氣次焉』，又曰『持其志，無暴其氣』者，何也？」
曰：「志壹則動氣，氣壹則動志也。今夫蹶者、趨者，
是氣也，而反動其心。」

3.「敢問夫子惡乎長？」曰：「我知言，我善養吾浩然之
氣。」「敢問何謂浩然之氣？」曰：「難言也。其為
氣也，至大至剛，以直養而無害，則塞于天地之間。
其為氣也，配義與道；無是，餒也。是集義所生者，
非義襲而取之也。行有不慊於心，則餒矣。我故曰：
告子未嘗知義，以其外之也。必有事焉而勿正，心勿
忘，勿助長也。無若宋人然：宋人有閔其苗之不長而
揠之者，芒芒然歸，謂其人曰：『今日病矣！予助苗
長矣！』其子趨而往視之，苗則槁矣。天下之不助苗
長者寡矣。以為無益而舍之者，不耘苗者也；助之長
者，揠苗者也──非徒無益，而又害之。」

4.「何謂知言？」曰：「詖辭知其所蔽，淫辭知其所陷，
邪辭知其所離，遁辭知其所窮。生於其心，害於其政；
發於其政，害於其事。聖人復起，必從吾言矣。」

2

在第一段的記載中，孟子與公孫丑討論「不動心」的意義及
其類型。公孫丑首先問孟子說：「夫子加齊之卿相，得行道焉，
雖由此霸王，不異矣。如此，則動心否乎？」舊注對「動心」一

詞的解釋無甚出入，在此可以舉朱注爲代表：「〔…〕設問孟子
若得位而行道，則雖由此而成霸王之業，亦不足怪。任大責重如
此，亦有所恐懼疑惑而動其心乎？」[4] 根據此注，「動心」起因於
面對霸王之大業時所生的恐懼疑惑。趙岐以「動心畏難，自恐不
能行」來解釋「動心」二字 [5]，大體亦是此意。周群振先生另有新
解，以爲「動心」意謂「此種居（加）相行道，以及霸王之事業，
是否會當作一件了不起的大事，而爲之激盪或顛簸欣動其心也」[6]。
此解強調當事人完成王霸之大業後在心理上所受到的影響。周先
生爲其新解所提出的理由亦能言之成理，可備一說 [7]。但筆者以爲
舊注較能與下文相呼應，因爲孟子在下文討論北宮黝等人的「不
動心」之道時，總是關聯著「勇」之德而強調其「無懼」（所謂「勇
者不懼」）。若依新解，「無懼」之意便無著落。不過，我們可以
不去深究這個問題，因爲不論「動心」之起因何在，公孫丑之提
問僅是爲了引發討論，而作爲下文「不動心有道乎？」此一問題
之伏筆。就字面意義而言，所謂「不動心」意謂「不受任何外在
原因之刺激而動搖其心」，類乎古希臘斯多亞學派所追求的
apatheia。但這只是從形式上規定「不動心」的意義。在這個意義
之下，告子、北宮黝、孟施舍、曾子都可說達到了「不動心」之

---

4 朱熹：《四書集注》（臺北：臺灣中華書局，四部備要本），《孟子集
   注》，卷2，頁3上。

5 趙岐註、孫奭疏：《孟子注疏》（臺北：臺灣中華書局，四部備要本），
   卷3上，頁4上。

6 周群振：《儒學探源》（臺北：鵝湖出版社，1986年），頁214-215。

7 參閱同上註，頁215-217。毛子水先生亦有類似的看法，請參閱其〈孟
   子養氣章新校注〉，《中華文化復興月刊》，第2卷第11期（1969年11
   月），頁89。

境地。但若究其實質,則此四人分別表四種類型的「不動心」。

　　第一種類型的「不動心」以北宮黝爲代表。孟子形容其勇如此:「不膚撓,不目逃,思以一豪挫於人,若撻之於市朝;不受於褐寬博,亦不受於萬乘之君;視刺萬乘之君,若刺褐夫,無嚴諸侯;惡聲至,必反之。」朱注:「膚撓,肌膚被刺而撓屈也。目逃,目被刺而轉睛逃避也。挫,猶辱也。褐,毛布。寬博,寬大之衣,賤者之服也。不受者,不受其挫也。刺,殺也。嚴,畏憚也,言無可畏憚之諸侯也。黝蓋刺客之流,以必勝爲主,而不動心也。」[8] 其說大體可從。唯此處將「目逃」解釋爲「目被刺而轉睛逃避」,殊不合常理。人的眼睛被實物所刺,豈能不轉睛逃避?依筆者之見,所謂「不目逃」當是意謂「面對他人直視的眼光而不轉睛逃避」。

　　北宮黝之勇表現在他對外來的橫逆一概以直接的對抗回應之,完全不考慮對方力量之大小。這是藉著排除外來的橫逆或反抗外在的力量,使己心不受其影響,朱子所謂「以必勝爲主」是也。《荀子·性惡篇》將「勇」分爲上、中、下三等,而說:「不恤是非然不然之情,以其勝人爲意,是下勇也。」[9] 北宮黝之勇正是所謂的「下勇」。但問題是,一個人的力量再大,也有其限度,不可能期於必勝。這種必勝之心其實是虛妄的,故荀子說:「不恤是非,不論曲直,以期勝人爲意,是役夫之知也。」[10] 這種人一旦面臨無可抗拒的情勢或力量時,其勇便無

---

8 朱熹:《孟子集注》,卷2,頁3下。

9 王先謙:《荀子集解》(臺北: 世界書局,1978年,收入《新編諸子集成》第6冊),卷17,頁299。

10 同上註,頁298。

可表現，唯有徒呼負負而已，如項羽在垓下之圍時所感慨者。

相形之下，孟施舍之「不動心」便大異其趣。他明白勝不可必（「舍豈能爲必勝哉？」），故不求勝人，但求「能無懼而已矣」。其勇表現於「視不勝猶勝」，即無論勝負得失，其心均能不爲所動。若是「量敵而後進，慮勝而後會」，則猶懷有對失敗的恐懼，自不足爲勇。故朱注云：「舍力戰之士，以無懼爲主，而不動心者也。」[11]

孟子接著說：「孟施舍似曾子，北宮黝似子夏。夫二子之勇，未知其孰賢，然而孟施舍守約也。」孟子爲何以曾子來比擬孟施舍，並不難了解，因爲他同樣稱許二人爲「守約」。至於他爲何以子夏來比擬北宮黝，舊注均不甚貼切。徐復觀先生以《墨子・耕柱篇》所載子夏之徒與墨子間的一段爭論來解釋，較能言之成理[12]。根據這段記載，墨子主張「君子無鬥」，子夏之徒則以爲：「狗狶猶有鬥，惡有士而無鬥矣！」[13]當時子夏之徒似有好勇之名，故孟子以子夏來比擬北宮黝。朱注云：「二子之與曾子、子夏，雖非等倫，然論其氣象，則各有所似。」[14]就氣象而言，曾子內斂，子夏外發，故孟子以二者來比擬孟施舍和北宮黝。相較於北宮黝之一味向外求勝，孟施舍在自己的主體上有所守，而較能得其要領，故曰「守約」。據孟子所說，孟施舍所守的是「氣」：

---

11 朱熹：《孟子集注》，卷2，頁3下。
12 參閱徐復觀：〈孟子知言養氣章試釋〉，見其《中國思想史論集》（臺北：臺灣學生書局，1993年），頁143。
13 孫詒讓：《墨子閒詁》（臺北： 世界書局，1978年，收入《新編諸子集成》第6冊），卷11，頁258。
14 朱熹：《孟子集注》，卷2，頁4上。

「孟施舍之守氣，又不如曾子之守約也。」其實，北宮黝所憑藉的也是「氣」，他與孟施舍不同之處在於：孟施舍守氣以求超越勝負得失之心，北宮黝則恃氣以求勝。有些學者以爲「孟施舍之守氣」一語與上文所云「孟施舍守約也」相牴牾，而主張將「約」字改爲「氣」字，以求其一律[15]。此甚無謂，因爲「約」並非像「氣」一樣，屬於主體的結構。「守約」猶如今語所謂「把握要領」，係相對而言。相對於北宮黝而言，孟施舍較能把握要領，故曰：「孟施舍守約也。」但是相對於孟施舍而言，曾子卻更能把握要領，故曰：「孟施舍之守氣，又不如曾子之守約也。」《朱子語類》云：「今人把『守氣不如守約』做題目，此不成題目。氣是實物，『約』是半虛半實字，對不得。守約，只是所守之約，言北宮黝之守氣，不似孟施舍守氣之約；孟施舍之守氣，又不如曾子所守之約也。」[16] 其說是也。

　　「氣」這個概念像「心」一樣，在本章是個具有關鍵性的概念。孟子在下文即將「心」與「氣」相對舉，並且解釋道：「夫志，氣之帥也；氣，體之充也。」朱注以「心之所之」爲「志」[17]，故論志即是論心。在《孟子》書中，論「心」之處不少。這個概念通常有其確定的意指，即是指「本心」或「良知」，亦即指人之道德主體。譬如，〈告子上〉第十五章所說「心之官則思」之「心」，顯然便是指道德主體。「志」即是心之意

15 參閱黃俊傑：《孟學思想史論·卷一》（臺北：東大圖書公司，1991年），頁358-359。

16 《朱子語類》（臺北：文津出版社，1986年，據北京中華書局1986年版翻印），第4冊，卷52，頁1234。

17 朱熹：《孟子集注》，卷2，頁4下。

向（intention）。相較於「心」，「氣」屬於一個較低的層級，而從屬於「心」，故曰：「志，氣之帥也。」孟子以「體之充」來說明「氣」，這個「體」字顯然是指形體。趙注云：「氣，所以充滿形體爲喜怒也。」[18] 便是以「形體」釋「體」字。故「氣」的概念在此與人的形軀相關聯，屬於同一層級。黃俊傑先生指出：中國古典中所謂的「氣」有「雲氣」、「氣息」、「血氣」諸義 [19]。此處所言的「氣」當是指血氣。徐復觀先生在解釋「氣，體之充也」這句話時說道：「其實，古人之所謂氣，並非僅指呼吸之氣，而係指人身生理的綜合作用，或由綜合作用所發生的力量。換言之，氣即由生理所形成的生命力。」[20] 簡言之，在〈知言養氣章〉中，「心」是指人的理性生命（此處偏重道德理性），「氣」則是指其感性生命，「心」與「氣」之關係相當於孟子所謂「大體」與「小體」之關係。

　　對於孟子而言，「心」在主體的整個結構中實居於核心的地位，而爲真正的自我之所在；相形之下，「氣」居於次要的或邊緣的地位，其意義和價值必須透過它對於「心」的關係來決定。在這個意義之下，孟施舍之守氣，尚未真正把握住要領。反之，曾子之養勇，係在「心」上作工夫，這才真正把握了要領。曾子之勇表現爲：「自反而不縮，雖褐寬博，吾不惴焉？自反而縮，雖千萬人，吾往矣。」「自反」即「自省」之意。

---

18 趙岐註、孫奭疏：《孟子注疏》，卷3上，頁5上。

19 參閱黃俊傑：《孟學思想史論・卷一》，頁369-371。

20 徐復觀：〈孟子知言養氣章試釋〉，《中國思想史論集》，頁146。

至於「縮」字，趙岐訓爲「義」[21]，朱子訓爲「直」[22]，均可通。
較難解而有爭議的是「吾不惴焉」這句話。焦循《孟子正義》
引閻若璩《釋地三續》云：「不，豈不也。猶經傳中『敢』爲
『不敢』、『如』爲『不如』之類。」[23] 據此，則此爲反詰語，
而全句可譯爲：我反躬自省之後，以爲不合理義，雖然面對地
位低下的人，豈能無所懼？我反躬自省之後，以爲合於理義，
雖然面對千萬人，亦勇往直前。自反所憑藉者爲理性，故表示
「心」之作用。在孔子弟子之中，曾子善於自反，故《論語・
學而篇》第四章載其言曰：「吾日三省吾身：爲人謀而不忠乎？
與朋友交而不信乎？傳不習乎？」總而言之，孟施舍與曾子在
養勇工夫上的差別在於：前者所守者爲氣，後者所守者爲心；
套用理學家的話頭，前者是「氣魄承當」，後者是「義理承當」。
至於北宮黝，雖亦以氣爲憑藉，卻著眼於對象，而一味求勝。

3

在〈知言養氣章〉第二段中，公孫丑追問孟子與告子之「不
動心」，孟子則加以回答。這一段是最具爭議性、也最難於解
釋的一段。筆者以爲：迄今爲止的絕大多數注疏均不得其解。
第一個引起爭議的問題是：孟子在這段對話中除了談到告子的

---

21 朱熹：《孟子集注》，卷2，頁4上。

22 趙岐註、孫奭疏：《孟子注疏》，卷3上，頁4下。

23 焦循：《孟子正義》（臺北：文津出版社，1988年，據北京中華書局1987
年版翻印），上冊，頁193。

工夫之外，是否也陳述了他自己的工夫？歷代注疏家似乎均理
所當然地認為孟子在此亦陳述了他自己的工夫。但馮友蘭先生
卻獨排眾議，而主張：

> 〔⋯〕我們可以斷定，此段俱為孟子述告子得不動心
> 的方法的話。「不得於言，勿求於心；不得於心，勿
> 求於氣」；「持其志，無暴其氣」；為孟子直引告子
> 的話。「不得於心，勿求於氣，可；不得於言，勿求
> 於心，不可」；為孟子於敘述告子的話時，所夾入批
> 評之辭。「夫志，氣之帥也；氣，體之充也；夫志至
> 焉，氣次焉」，及「志壹則動氣，氣壹則動志也；今
> 夫蹶者趨者，是氣也，而反動其心」；為孟子代告子
> 解釋之辭。此段述告子得不動心的方法，其方法為「持
> 志」。[24]

他並且提出三點理由，來支持他的說法：第一，「持其志，無
暴其氣」一語之上僅有「故曰」二字，而非如下文所云：「我
故曰：告子未嘗知義，以其外之也。」可見前一句非孟子自己
的話，而是他引述告子的話；第二，如果「持其志，無暴其氣」
為孟子得不動心的方法，則不但與下文所言「配義與道」的方
法重複，而且這兩種方法大不相同；第三，如果孟子在此已自
述其工夫，那麼，公孫丑接著問：「敢問夫子惡乎長？」豈非

---

24 馮友蘭：〈孟子浩然之氣章解〉，見其《三松堂學術文集》（北京：北
 京大學出版社，1984年），頁444。

多此一舉 [25]？在這三點理由之中，第一、三點係單就語義脈絡
來考慮，第二點則涉及思想內涵。

在筆者看來，這三點理由均不甚充分。就第一點理由而言，
《孟子》書中有不少以「故曰」開頭的話顯然是孟子自己的話。
譬如，〈萬章上〉第五章中所云「故曰：天不言，以行與事示
之而已矣」及「故曰：天子不能以天下與人」，均係重複孟子
先前回答萬章的話。又如，〈告子下〉第七章中的「故曰：五
霸者，三王之罪人也」、「故曰：今之諸侯，五霸之罪人也」，
以及「故曰：今之大夫，今之諸侯之罪人也」諸語，均係重複
孟子自己的話。由此可見，「故曰」與「我故曰」的用法在《孟
子》書中並無嚴格的分別。再者，第三點理由亦不足以反駁傳
統的注疏。因為按照傳統的注疏來解讀，孟子在這段對話中只
是如實陳述了告子和他自己的工夫，以及二者之差異，並未進
一步評斷這兩者之高下；公孫丑「敢問夫子惡乎長？」之問則
是要求孟子進一步評斷這兩種工夫之高下，故非多此一舉。

關於第二點理由，馮先生有一段詳細的說明。由於這段說
明牽涉到「孟子何以反對告子不動心之道」這個關鍵性的問題，
故值得引述於此：

> 告子得不動心的方法，為強制其心，使之不動。朱子
> 《集注》說，告子的不動心，是「冥然無覺，捍〔悍〕
> 然不顧」是矣。然若專就「不得於言」等十六字說，
> 似尚不能見其強制之跡。如「持其志，無暴其氣」為

---

25 同上註，頁443-444。

告子的話，則告子得不動心的方法，為「持志」。
一「持」字，將把持強制之意，盡行表出。《朱子
語錄》云：問：伊川論持其志，曰：「只這個也是
私。然學者不恁地不得」。先生曰：「此亦似涉於
人為。然程子之意，恐人走作，故又救之曰：『學
者不恁地不得』」。（《語類》卷五十二）「持志」是
一種把持強制的工夫。所以是「自私」，是「涉於人
為」。說孟子以這種工夫，得不動心，伊川朱子，似
亦覺有未安，但因滯於文義，故又只得說：「學者不
恁地不得」。[26]

馮先生對於告子不動心之道的詮釋基本上係根據朱子之說，因
此他贊成朱子對「不得於言，勿求於心；不得於心，勿求於氣」
這句話所作的詮釋[27]。只不過馮先生進一步根據朱子對於告子
不動心之道的詮釋來理解「持其志，無暴其氣」這句話，而朱
子卻以為這是孟子自述其不動心之道的話。

但在筆者看來，朱子對「不得於言」等十六字的詮釋大有
問題，故馮先生據此所作的詮釋亦有問題。因此，要解決上述
的爭議，我們必須先解決另外兩個問題：第一，告子所云「不
得於言，勿求於心；不得於心，勿求於氣」如何解釋？第二，
孟子何以說：「不得於心，勿求於氣，可；不得於言，勿求於
心，不可」？依筆者之見，這兩個問題對於〈知言養氣章〉之

26 同上註。
27 參閱同上註，頁444。

詮釋最具關鍵性；而且它們是相互關聯的，必須同時解決。為了解決這兩個問題，我們不妨先檢討傳統注疏家對這兩個問題的看法。首先看趙岐注：

> 不得，不得人之善心善言也。求者，取也。告子為人勇而無慮，不原其情。人有不善之言加於己，不復取其心有善也，直怒之矣。孟子以為不可也。告子知人之有惡心，雖以善辭氣來加己，亦直怒之矣。孟子以為是則可，言人當以心為正也。告子非純賢，其不動心之事，一可用，一不可用也。[28]

這段解釋甚為牽強，因為在〈知言養氣章〉中，「言」與「氣」是兩個具有獨立意義的概念，趙岐卻將它們當作一般的用語。再者，依趙岐的解釋，「言」、「心」、「氣」均是就他人而言，在此完全看不出在自己的主體上有任何工夫可言。更荒謬的是，根據趙注，「不得於言，勿求於心」所重的是外在的言辭，「不得於心，勿求於氣」卻以內心的動機為重，告子的說法何致如此自相矛盾？或許正因為趙注過於牽強，後代的注疏家多不採納其說。

在後人對這段文字的解釋中，廣泛為人所接受的是朱子的解釋。朱注云：

> 告子謂於言有所不達，則當舍置其言，而不必反求其理於心；於心有所不安，則當力制其心，而不必更求其助於氣。此所以固守其心而不動之速也。孟子既誦

---

28 趙岐注、孫奭疏：《孟子注疏》，卷3上，頁5上。

其言而斷之曰：彼謂不得於心，而勿求諸氣者，急於
本而緩其末，猶之可也；謂不得於言，而不求諸心，
則既失於外，而遂遺其內，其不可也必矣。然凡曰「可」
者，亦僅可而有所未盡之辭耳。[29]

這段解釋似乎較為合理，因為相對於趙注，朱注至少將「言」
與「氣」當作兩個具有獨立意義的概念。再者，依朱子的解釋，
告子亦有工夫可言，即所謂「固守其心」是也。《朱子語類》
中有兩段話說得更明白：

告子只就心上理會，堅持其心，言與氣皆不理會。「不
得」，謂失也。有失於其言，則曰無害於心。但心不
動，言雖失，不必問也。惟先之於心，則就心上整理，
不復更求於氣。[30]
「不得於言，勿求於心」，是心與言不相干。「不得
於心，勿求於氣」，是心與氣不相貫。此告子說也。
告子只去守簡心得定，都不管外面事。外面是亦得，
不是亦得。[31]

據此，告子「不動心」的工夫不免令人聯想到佛、道兩家的制心
工夫。焦循《孟子正義》在疏解趙注之後，便長篇引述毛奇齡《逸
講箋》之說，而將告子的工夫比作道家之「嗒然若喪」與佛家之

---

29 朱熹：《孟子集注》，卷2，頁4下。
30 《朱子語類》，第4冊，卷52，頁1235。
31 同上註，頁1236。

「離心意識參」[32]。毛氏之說基本上係承襲朱子的解釋。

近人對這段文字的解釋亦率多沿襲朱注。譬如，徐復觀先生便如此解釋告子所說的「不得於言，勿求於心」：

> 告子達到不動心的工夫，既不同於勇士，也不同於孟子，而是採取遺世獨立，孤明自守的途徑。一個人的精神，常常會受到社會環境的影響，因而會發生擾亂（動心）。告子的不得於言，勿求於心，是對於社會上的是非得失，一概看作與己無關，不去管它，這便不至使自己的心，受到社會環境的干擾。〔…〕「得於言」，即所謂「知言」，亦即對客觀事物作知識上的了解。不得於言，勿求於心，即是對於不了解者，讓其不了解，不用心去求了解。這與莊子「知止於其所不止，至矣」（齊物論）的態度甚為吻合。告子「生之謂性」的觀點，也與莊子的性論非常接近。孟莊同時而未嘗相聞，告子或亦是莊子之徒。[33]

至於告子所說的「不得於心，勿求於氣」，他解釋道：

> 他的不得於心，勿求於氣，乃是把自己的心，和自己的生理作用，隔絕起來，免使自己的心，被自己的生理作用要求所牽累而動搖。因為心既求助于氣，氣便可拖累及心；不如乾脆把它隔斷。後來禪宗中土第一

---

32 焦循：《孟子正義》，頁194-195。

33 徐復觀：〈孟子知言養氣章試釋〉，《中國思想史論集》，頁147-148。

祖的達摩，為二祖慧可説法，祗教「外息諸緣，内心
無喘」（指月錄卷四）。外息諸緣，是由告子的不得於
言（言乃是諸緣）的進一步；内心無喘，即是不動心。[34]

顯而易見，徐先生的詮釋亦承自朱子。

儘管以朱注爲本的這套解讀方式自成理路，但筆者始終不
能無疑，理由有二：第一，說告子是道家者流，畢竟是揣測之
詞，欠缺直接的證據。第二，如此理解告子的不動心之道，便
無法充分解釋孟子在下文所發「告子未嘗知義，以其外之也」
的批評，因而也無法使人明白在〈告子上〉篇中告子與孟季子
何以會主張「義外」之說。就第一點而言，近人持這種看法者
除了徐先生之外[35]，尚有郭沫若和龐樸[36]。這種看法除了欠缺
直接的證據之外，也是出於對於告子觀點的誤解。對於這種誤
解，黃俊傑先生已提出有力的辯駁[37]。此處暫且先點出問題之
所在，筆者在下文還會進一步討論這個問題。

至於第二點，朱子顯然認爲他的詮釋甚爲融貫，故他在解釋
「告子未嘗知義，以其外之也」一語時說：「上文『不得於言，
勿求於心』，即外義之意。詳見〈告子上〉篇。」[38] 但是當時便
已有人對朱子的這種詮釋提出質疑。趙順孫《孟子纂疏》載有一

---

34 同上註，頁148。
35 徐先生之説亦見於其《中國人性論史‧先秦篇》（臺北：臺灣商務印書
　　館，1969年），頁188。
36 參閱郭沫若：《十批判書》（北京：科學出版社，1956年），頁260；龐樸：
　　〈告子小探〉，《文史》，第1輯（北京：中華書局，1962年10月），頁229-230。
37 參閱黃俊傑：《孟學思想史論‧卷一》，頁214-215。
38 朱熹：《孟子集注》，卷2，頁6下。

段朱子的語錄：「問外義之意，蓋告子外之而不求，非欲求之於
外也。曰：『告子直是將義屏除去，只就心上理會。』」[39]依筆
者之見，問者實深中問題之要點。因爲按照朱子對於「不得於
言」等十六字的詮釋，告子完全不理會道德之是非，一概視爲
與己無關，即所謂「外之而不求」。這種態度可稱爲「道德虛
無主義」。但是在〈告子上〉篇第四、五章中，告子與孟季子
主張「義外」之說，並無意否定或漠視道德之是非，而只是要
在客觀的事實或對象中尋求道德是非之依據，即所謂「求之於
外」[40]。我們可借用瑞士心理學家皮亞傑（Jean Piaget）的用語，
將這種觀點稱爲「道德實在論」[41]；這種觀點並不涵有對道德判
準的否定或漠視，它甚至可以承認道德有客觀的判準，並且將
服從道德法則視爲自己的義務。由此可見，朱子對於「不得於
言」等十六字的詮釋並不切合告子「義外」之說，因而也無法
解釋孟子何以說：「告子未嘗知義，以其外之也。」

　　徐復觀先生也試圖說明告子的「不動心」與其「義外」說
之關係。他在解釋了告子的「不得於言，勿求於心」這句話之
後接著說明道：

---

39 趙順孫：《孟子纂疏》（臺灣商務印書館1986年影印《文淵閣四庫全書》，
　　第201冊），卷3，頁22-23。據《朱子語類》，這段話係朱子門人廖德
　　明所記（第4冊，卷52，頁1264）。

40 關於告子「義外」之說的哲學意涵，請參閱牟宗三：《圓善論》（臺北：
　　臺灣學生書局，1985年），頁12-19；亦參閱拙著：《儒家與康德》（臺
　　北：聯經出版公司，1990年），頁53-58。

41 關於「道德實在論」的意義，參閱 Jean Piaget: *The Moral Judgment of the
　　Child*（London: Kegan Paul, Trence, Trubner 1932），特別是第二章。

他之所以如此，是與他的「義外」說有關。義是對於事
情應當或不應當的判斷，及由此判斷而引發的行為。孟
子的「義內」說，乃認為此判斷係出於吾人之內心，不
僅判斷之標準為吾心所固有，否則不會作此判斷；並且
以為吾心既有此判斷，即係吾心有此要求；人之行義，
乃所以滿足吾心之要求，而為吾心之所不容自己。告子
之意，則以為應當不應當，只是從客觀事物關係中之較
量比擬而出。並且他似乎並不由此而求建立一客觀之
義，而只是認為一般人所謂義者，與自己的生命毫不相
干，所以他便可以不得於言，勿求於心。由此而把自己
從社會隔離起來，不受社會的影響。[42]

徐先生對於告子「義外」說與孟子「義內」說的理解大體無誤。
但是他碰到的問題與朱子相同，因為從他對於告子「義外」說
的詮釋，我們實無法推出「告子並不求建立一客觀之義」與「告
子認為一般人所謂義者，與自己的生命毫不相干」這兩項結論。
換言之，在他對於告子的「義外」說與「不得於言」等十六字
的詮釋之間，存在一個邏輯的缺口。這是以朱注為本的傳統詮
釋最不能令人釋然之處。

4

由於傳統注疏之無法令人滿意，筆者不得不另求新解。筆者

---

42 徐復觀：〈孟子知言養氣章試釋〉，《中國思想史論集》，頁147。

的嘗試係由分析這十六字的語法入手。這十六字係由兩組「不⋯
勿⋯」的句型所組成。這種句型包含對前項與後項的雙重否定，
因爲「不」、「勿」二字均是否定詞，而「勿」字特別表示禁制
之意。在漢語語法中，這種句型可以表示條件關係，即以前項爲
後項之先決條件。在《孟子》書中就有若干這類的句子。譬如，
〈離婁上〉第十二章有「不信於友，弗獲於上矣」及「不明乎善，
不誠其身矣」之句。在這兩個句子中，「信於友」爲「獲於上」
之先決條件，「明乎善」爲「誠其身」之先決條件。因此，我們
可以將這兩個句子分別改寫成「信於友，乃可獲於上矣」及「明
乎善，乃可誠其身矣」。同樣的分析也適用於同篇第廿八章中的
「不得乎親，不可以爲人；不順乎親，不可以爲子」這兩句話。
但是這些例子並不包含像「勿」這樣的禁制之詞。若要找一個更
類似的句子，我們可以舉《左傳》隱公元年夏五月「鄭伯克段於
鄢」的傳文中鄭莊公對其母姜氏所說的「不及黃泉，無相見也」
這句話爲例，因爲「勿」、「無」二字互通，均表禁制之意。這
句話可以改寫成：「及至黃泉，乃可相見也。」基於同樣的理由，
我們也可將告子的這兩個句子改寫成：「得於言，乃可求於心；
得於心，乃可求於氣。」因此，「得於言」爲「求於心」之先決
條件，「得於心」爲「求於氣」之先決條件。我們也可以用「除
非」或「非得」來取代這兩個句子中的「不」字，而將這兩個句
子改寫成：「除非得於言，勿求於心；除非得於心，勿求於氣。」
其義相同，均是以前項爲後項之先決條件。

　　解決了語法問題，接著就要從義理的層次來進行詮釋。但是
在闡述這兩個句子所包含的義理之前，我們還有兩個問題要先解

決，即是：此處所說的「言」究竟何所指？「求」、「得」二字
作何解？就第一個問題來說，由下文孟子針對公孫丑「何謂知言」
之問而答以「詖辭知其所蔽，淫辭知其所陷，邪辭知其所離，遁
辭知其所窮」，一般人很容易想到「言」是指「言辭」。傳統的
注疏家大多如此去理解，而不再進一步深究其義。這樣的理解雖
然不能算錯，但卻失之廣泛。其實，孟子在此所說的「言」並非
泛指一般的言辭，而是有其更明確的意指。質言之，「知言」之
「言」是指〈滕文公下〉第九章中所云「楊朱、墨翟之言盈天下，
天下之言，不歸楊，則歸墨」之「言」，亦即《論語・憲問》第
四章中所云「有德者必有言」之「言」；總而言之，是指有特定
意涵的思想或主張。朱子說：「『言』，只似『道理』字。」[43] 庶
幾近之。再從孟子刻意指陳這些「言」之「詖」、「淫」、「邪」、
「遁」諸病來看，筆者同意岑溢成先生的說法：「借用當代英美
倫理學家之術語來說，孟子所判別的『言辭』，不是描述性的語
言或事實陳述，而是規令性的語言或道德判斷。」「在孟子之思
想中，『知言』即是『知反映人生態度的道德之語言之正誤』，
故此判別人生態度之正誤即判別道德之語言之正誤〔…〕」[44] 在
《孟子》書中，我們正可見到孟子針對告子、孟敬子、楊朱、墨
翟、夷子、宋牼、許行、子莫諸人之「言」提出批評 [45]。

　　確定了「言」字的意指之後，我們進而決定「得」、「求」

---

43 《朱子語類》，第4冊，卷52，頁1235。

44 俱見岑溢成：〈孟子「知言」初探〉，《鵝湖月刊》，第40期（1978年
　　10月），頁40。

45 關於孟子對於這些「言」的批評，請參閱蔡仁厚：〈孟子的學術批評〉，
　　《鵝湖月刊》，第99期（1983年9月），頁2-8。

二字之義。在此值得注意的是:「得」、「求」二字均與「於」
字連用;故我們須在這個脈絡中決定其意義。焦循注曰:「『不
得於言』、『不得於心』,與『不得於君』、『不得於親』句
同。」[46] 在《孟子》書中常見這種句型,但「得於」有時作「得
乎」,「於」、「乎」二字通用。譬如,〈萬章上〉第一章云:
「不得於君則熱中。」前引〈離婁上〉第廿八章云:「不得乎
親,不可以為人。」〈盡心下〉第十四章云:「是故得乎丘民
而為天子,得乎天子為諸侯,得乎諸侯為大夫。」《禮記·王
制》云:「地邑民居,必參相得。」鄭玄注曰:「得猶足也。」
故「得」字有「滿足」、「順適」之意。朱子將「不得於心」
解釋為「於心有所不安」,正合此義。再者,「勿求於心」、
「勿求於氣」之「求」字當解作〈盡心下〉第卅二章中「所求
於人者重」之「求」,即「要求」、「責求」之意。據此,我
們即可將告子的這兩句話詮釋如下:凡在思想或主張中能成其
理者,我們便可以之要求於心,作為心之圭臬;凡能為心所接
納之理,我們便可以之要求於氣,使之下貫於氣。

　　在筆者迄今所見到的諸多詮釋中,唯有唐君毅先生的詮釋
能大體得其旨,故值得引述於下:

　　〔…〕告子所謂「不得于言,勿求于心」,猶謂于客
　　觀外在之義有所不得,只須求此義之所在,不當求之
　　于主觀內在之心也。然人果能求得客觀外在義之所
　　在,而心即著于其上,亦可更不外求,而不動心。如

---

46 焦循:《孟子正義》,頁194。

今一偏執一政治上之主義之黨徒，與宗教信徒之堅信
一教義者，亦更可不動心也。至于「不得于心，勿求
于氣」者，則蓋謂心若不能求得義之所在，而著于其
上，即不當求之于其身體之氣，求之亦無助于心之不
動也。然心果能外求得義之所在，而著于其上，即亦
可不以其身之處境之如何，而自動其心矣。此亦如今
之政治上之黨徒與宗教信徒及墨子之徒，皆能由偏執
堅持其主義教義或義，以赴湯蹈火而不辭也。[47]

唐先生對於「不得於言，勿求於心」的詮釋，與筆者在上文所
作的分析完全相合。但是由於他未仔細分析告子這兩句話的語
法結構，他對於「不得於心，勿求於氣」的詮釋只說出了一半
的涵義。這就是說，他未從正面指出心對於氣的統攝作用，而
事實上這正是告子的主張，與孟子「以志帥氣」的主張在形式
上相吻合，否則孟子也不會說：「不得於心，勿求於氣，可。」

　　唐先生的詮釋也部分說明了告子之所以能不動心的原因。
根據告子道德實在論的觀點，道德之價值與是非有其外在的客
觀標準，心之作用在於衡量並判斷各種思想或主張是否合於此
客觀標準；只要相合，便可奉之為原則，而信守不疑。在這種
情況下，由於心有所守，自然可以不受其他外在因素之影響，
而得以不動。這是就「不得於言，勿求於心」來說明告子之不
動心，而為唐先生的詮釋所指出。唐先生所未指出的是：告子

---

47 唐君毅：《中國哲學原論‧原道篇‧卷一》（香港：新亞研究所，1976年），頁
250。

既以心把定原則，則當他將此原則落實到氣上時，其心由於有
此原則之支撐，自然亦不會因氣之動而受其影響，故得以不動。
這是就「不得於心，勿求於氣」來說明告子之不動心。然則，
孟子何以要批評告子的不動心之道呢？

　　從孟子「仁義內在」的觀點來看，道德的價值與是非之判準
不在外在對象之中，而在於「心」，而且此「心」是〈告子上〉
第八章所謂的「仁義之心」，亦即道德心。此「心」是道德法則
之制定者，因而爲道德法則與道德價值之根源[48]。至於告子的
「心」，並非道德法則與道德價值之根源，其作用僅在於認識客
觀的價值或「義」。此「心」不是道德心，而是認知心；或者不
如說，告子係以認知心爲道德心。因此，告子的觀點是一種「倫
理學的重智論」（ethical intellectualism）。在孟子看來，告子既然
在外在對象中尋求道德法則與道德價值之根源，顯然他不知其真
正根源之所在，所以孟子曰：「告子未嘗知義，以其外之也。」
在這種情況下，告子所認定的道德原則並非真正的道德原則。以
這種虛假的原則來把定其心，使之不動，正如王陽明所說：「告
子是硬把捉著此心，要他不動。」[49]以這樣的「心」來統御氣，
也只是將氣硬壓下去，使之不能反動其心。

　　唐先生以政治信徒與宗教徒爲例來說明告子之不動心，甚
有深意。牟宗三先生曾在一篇演講詞中提到：有一次他在唐先
生家裡同梁漱溟先生談起毛澤東，梁先生盛讚毛澤東「天資豁

---

48 請參閱拙著：《儒家與康德》，頁64-66及88-92。
49 陳榮捷編：《王陽明傳習錄詳註集評》（臺北：臺灣學生書局，1983年），
　　卷上，第81條，頁107。

達」，因為「一般人要經過很多修養，才能做到『克己復禮』的工夫，但毛卻可以毫不費力的做到」。牟先生立刻反駁道：

> 你說毛天資豁達，我認為不但是毛，每個共產黨員，
> 受過黨的訓練，都有這個本事。共產黨能教人脫胎換
> 骨，完全向黨客觀化，像宗教一樣，要求一切皆向黨
> 交代，這時候是用不著道德修養就可以「行仁」了，
> 但是這種「行仁」是假的。[50]

這段話為「不得於言，勿求於心」的工夫提供了一個絕佳的例子，也極具體地說明了告子何以能先孟子而不動心。大陸學者甘陽先生談到他在六十年代初「學雷鋒」運動中的親身感受，「至今仍能憶起當時那種巨大的道德感召力，當時幾乎已達『滿街是聖人』的氣象」[51]。這種體驗也為告子之不動心提供了一個極為生動的例子。若非目睹二十世紀由意識形態主導的政治運動(共產主義、法西斯主義、納粹主義等運動)，以及由此所引起的「觀念的災害」[52]，我們恐怕很難體會孟子的洞見，以及他所說的「生於其心，害於其政；發於其政，害於其事」，也不易了解他在〈告子上〉第一章何以對告子提出如此嚴厲的指摘：「率天下之人而禍仁義者，必子之言夫！」

---

50 牟宗三：〈我所認識的梁漱溟先生〉，《鵝湖月刊》，第157期(1988年7月)，頁4。這篇演講詞原刊於1988年6月25日的《中央日報副刊》，後亦收入陸鏗、梁欽東主編的《中國的脊樑——梁漱溟先生紀念文集》(香港：百姓文化公司，1990年)。

51 甘陽：《我們在創造傳統》(臺北：聯經出版公司，1989年)，頁16。

52 牟宗三先生有一篇演講詞即題為「觀念的災害」，收入其《時代與感受》(臺北：鵝湖出版社，1984年)。

　　由以上所述，我們亦不難了解「不得於心，勿求於氣」在告子的工夫論中的意義及其效果。告子之「心」基本上是靠它所認定的原則來維持其對於「氣」（感性生命）的主宰性；它只要把定此原則，便可不受「氣」之浮動所影響，由是達到「不動心」之效果。孟子亦主張以心御氣，所以說：「夫志，氣之帥也。」又說：「夫志至焉，氣次焉。」第二句趙注解釋爲：「志爲至要之本，氣爲其次焉。」[53] 以「至」爲「至要」或「至極」之意；朱注因之。但王陽明有不同的解釋。《傳習錄》云：「問志至氣次。先生曰：『志之所至，氣亦次焉之謂，非極至次貳之謂。〔…〕』」[54] 黃梨洲承其說，其《孟子師說》卷二云：「『志至焉，氣次焉。』次，舍也。《易》之〈旅〉『即次』、〈師〉『左次』，《周禮》之『掌次』，是也。志之所至，氣即次於其所，氣亦無非理義矣。」[55] 毛奇齡《逸講箋》亦有類似的說法[56]。從文意上來看，當以後說較爲順當。但無論如何，這兩種解釋均指出了心對於氣的主宰性。所以，單就肯定心對於氣的主宰性這點而論，孟子與告子的觀點是一致的，所以孟子才會說：「不得於心，勿求於氣，可。」然而，這種一致性只是表面的。因爲他們二人所說的「心」並不相同：告子所說的「心」基本上是認知心，它可以認識外在的客觀的道德法則和道德價

53 趙岐註、孫奭疏：《孟子注疏》，卷3上，頁5上。

54 陳榮捷編：《王陽明傳習錄詳註集評》（臺北：臺灣學生書局，1983年），卷上，第73條，頁101。

55 沈善洪主編：《黃宗羲全集》，第1冊（杭州：浙江古籍出版社，1985年），頁61。

56 參閱焦循：《孟子正義》，頁196-197。

值；而孟子所說的「心」卻是不折不扣的道德心，它本身就是道德法則與道德價值之根源。借用康德的用語來說，告子強調理論理性之優先性，孟子卻突出實踐理性之優先性。因此，儘管孟子和告子均贊同「不得於心，勿求於氣」，但是這句話在他們的工夫論、乃至整個道德哲學中卻有截然不同的意義。故筆者同意朱子之說：「〔…〕凡曰『可』者，亦僅可而有所未盡之辭耳。」[57] 總之，孟子這個「可」字說得很勉強。

順著以上的詮釋，我們可以進而理解「持其志，無暴其氣」這句話的意義。趙注云：「暴，亂也。」[58] 故「暴其氣」即「亂其氣」。當然，筆者採取傳統的說法，將這句話視為孟子自述其工夫的話。但是，在此立刻便出現一個必須解決的問題：「持其志」與「無暴其氣」到底是兩種工夫？還是同一種工夫？朱子認為這是兩種工夫，如《語類》云：「『持其志，無暴其氣』，內外交相養。蓋既要持志，又須無暴其氣。持志、養氣二者，工夫不可偏廢。以『氣一則動志，志一則動氣』觀之，則見交相為養之理矣。」[59] 反之，黃梨洲將「持其志」與「無暴其氣」視為一事，如其《孟子師說》云：

> 志即氣之精明者是也，原是合一，豈可分如何是志，如何是氣？「無暴其氣」，便是持志功夫；若離氣而言持志，未免捉摸虛空，如何養得？古人說九容，只是「無暴其氣」。「無暴其氣」，志焉有不在者乎！

---

57 朱熹：《孟子集注》，卷2，頁4下。
58 趙岐註、孫奭疏：《孟子注疏》，卷3上，頁5上。
59 《朱子語類》，第4冊，卷52，頁1239。

更無兩樣之可言。[60]

陳拱先生亦有類似的看法。他認爲：「孟子『無暴其氣』一語，決不表示一種實際的踐履工夫；而必是循心、志與氣之分解方式而來的一種虛說。」[61] 周群振先生基本上雖亦將「持其志」與「無暴其氣」視爲一事，但仍欲保留兩種工夫之說，故他說：

> 當然，人們於此，亦可於志、氣之可以置定爲客觀對象處起意，而言持志爲對內，無暴氣爲對外，或言持志爲修己，無暴氣爲接物，兩者所矢向之方位各異，用力之途程有別，因而可說其爲不同之二事。此種說法，自亦有其恰當相應之理據，且必爲吾人一事說中所當包含和著力之事實。然復須知，這只是第二義以下的問題。究極言之，所謂方向，所謂途程，乃至任何形式的行爲法則，無論如何，總不能違離第一義之心之主觀作用。[62]

這種說法或許可視爲一種折中說。

　　從接下來孟子與公孫丑之間的問答看來，當以朱子所主張的二事說爲是。公孫丑接著問道：「既曰『志至焉，氣次焉』，又曰『持其志，無暴其氣』者，何也？」此問題之重點在於：孟子既然說「志至焉，氣次焉」，則人只要持守其志，自能主宰其氣，何以還要強調「無暴其氣」呢？孟子答道：「志壹則動氣，氣壹則動

---

60 沈善洪主編：《黃宗羲全集》，第1冊，頁62。

61 陳拱：〈論孟子之不動心氣與養氣〉，《東海學報》，第5卷第1期（1963年6月），頁47。

62 周群振：《儒學探源》，頁233。

志也。今夫蹶者、趨者，是氣也，而反動其心。」這段話朱子解釋
爲：「壹，專一也。蹶，顛躓也。趨，走也。孟子言志之所向專一，
則氣固從之；然氣之所在專一，則志亦反爲之動，如人顛躓趨走，
則氣專在是而反動其心焉。」[63] 此解大體可從。唯將「蹶」字訓爲
「顛躓」，於文意不順。王船山《讀四書大全說》云：「『蹶』之
爲義，自當從《說文》正訓云『跳也』。〔…〕若作顛躓解，則既
害文而抑害義。顛者非氣也，形也，形動氣而非氣動形也。」[64] 其
說是也。按《說文解字》云：「蹷，僵也。〔…〕一曰跳也。」
人在跳躍和奔跑時須凝聚其氣，此時極易反而牽動其心，使心
失去其主宰性，故孟子借此譬喻來說明「氣壹則志動」的情況。
對孟子而言，防止這種情況之發生，也是其修養工夫之一部分。

　　黃梨洲等人之所以認爲「持其志」與「無暴其氣」只是一
事，可能是因爲孟子在下一段討論養氣工夫時只強調「集義」，
亦即只從持志方面說，而未提及在「氣」之一面另有工夫。但
是孟子在他處並非不曾談到這方面的工夫。依筆者之見，他在
〈盡心下〉第卅五章所說的「養心莫善於寡欲」即是「無暴其
氣」的工夫；因爲減少自己的感性欲望，即可以避免因氣盛而
動心。當然，筆者不否認「持其志」與「無暴其氣」這兩種工
夫如朱子所言，有「內外本末」之分 [65]，也不否認它們在實踐

63 朱熹：《孟子集注》，卷2，頁5上。

64 王夫之：《讀四書大全說》，《船山全書》，第6冊（長沙：嶽麓書社，
　　1991年），卷8，頁927。亦參閱其《四書箋解》，《船山全書》，第6
　　冊，卷6，頁287。

65 朱熹：《孟子集注》，卷2，頁4下。

上無法截然畫分。換言之,「持其志」是本質工夫,「無暴其
氣」只是輔助工夫,但在實踐上,它們必須相互配合。

5

　　在整個〈知言養氣章〉中,第二段是最難解、但也最具關
鍵性的一段。解決了這一段的詮釋問題,以下兩段便不難理解;
即使仍有問題,也只是字句的解釋問題,對義理之把握無關宏
旨。在第二段中,孟子分別描述並且比較了告子和他自己達到
不動心的工夫,但並未對這兩種工夫加以評價;或者不如說,
他的評價僅隱含在描述之中。現在,公孫丑問道:「敢問夫子
惡乎長?」即是要求孟子提出進一步的評價,說明其工夫之所
以優於告子的工夫之處。孟子答道:「我知言,我善養吾浩然
之氣。」這便是所謂「知言」與「養氣」之工夫。在第二段所
涉及的「心」、「氣」、「言」三者當中,「知言」的工夫處
理「心」與「言」之關係,「養氣」的工夫則處理「心」與「氣」
之關係,而在這兩種工夫中,都是以「心」為主。

　　繼而公孫丑問道:「敢問何謂浩然之氣?」故孟子先就此
作答。第三段接下來的部分是孟子的答語,其實可以分成兩個
部分:第一部分解釋何謂「浩然之氣」,亦即說明其「養氣」
的工夫;第二部分則藉著批評告子的工夫,來反顯出孟子「養
氣」工夫之殊勝處。在說明「浩然之氣」之前,孟子先有「難
言」之嘆。朱注云:「難言者,蓋其心所獨得,而無形聲之驗,

有未易以言語形容者。」[66]

　　孟子接著說明道:「其為氣也,至大至剛,以直養而無害,則塞于天地之閒。」此處係根據朱注來斷句。趙岐注云:「言此至大至剛正直之氣也。然而貫洞纖微,洽於神明,故言之難也。養之以義,不以邪事干害之,則可使滋蔓,塞滿天地之間,布施德教,無窮極也。」[67]據此,這段話當讀成:「其為氣也,至大至剛以直,養而無害,則塞于天地之閒。」其中的「以」字訓為「且」,「直」字作「正直」解。朱注則將「以直養而無害」這句話解釋為「惟其自反而縮,則得其所養,而又無所作為以害之」,乃是以「直」字為「自反而縮」之「縮」[68]。此二說在義理上無甚分別,均表示「養氣須以心為主」之意。因此,孟子的「養氣」工夫其實主要是在心上作工夫,此工夫即是下文所說的「集義」。唯有藉「集義」工夫所養成的氣,才能「至大至剛」。朱注云:「至大初無限量,至剛不可屈撓。」[69]是也。這種氣才可稱為「浩然之氣」。朱注云:「浩然,盛大流行之貌。」[70]故「浩然」即所謂「塞于天地之閒」。孟子如此描述「浩然之氣」,或許會令人有神祕的聯想,其實未必有什麼神祕的意味。王船山對此有一段極為平實的解釋:

66 同上註,頁5下。

67 趙岐註、孫奭疏:《孟子注疏》,卷3上,頁5上。

68 朱熹:《孟子集注》,卷2,頁5下。關於這兩種讀法之比較,請參閱《朱子語類》,第4冊,卷52,頁1248-1253。

69 同上註。

70 同上註,頁5上。

所謂「塞乎天地之閒」，也只是盡天下之人，盡天下之
物，盡天下之事，要擔當便與擔當，要宰制便與宰制，
險者使之易，阻者使之簡，無有畏難而葸怯者。但以此
在未嘗有所作為處說，故且云「塞乎天地之閒」。天地
之閒，皆理之所至也。理之所至，此氣無不可至。言乎
其體而無理不可勝者，言乎其用而無事不可任矣。[71]

孟子繼續說明道：「其為氣也，配義與道；無是，餒也。」
「配義與道」一語與上文「以直養」相呼應。朱注云：「配者，
合而有助之意。義者，人心之裁制。道者，天理之自然。」[72]據
此，「義」即是「道」，就主觀面而言，謂之「義」；就客觀
面而言，謂之「道」。孟子以心為義與道之根源，故「配義與
道」即是以心為主宰。「無是，餒也」之「是」，朱子以為指
「氣」，而引起不少學者的批評。其實，從文意上來看，「是」
字顯然是指「義與道」[73]。此句的意思是說：若不以心為主宰，
而得義與道之配合，氣便虛歉而不成其為浩然之氣了。

下一句「是集義所生者，非義襲而取之也」仍是在說明浩
然之氣。趙岐將這句話解釋為：「集，雜也。密聲取敵曰襲。
言此浩然之氣，與義雜生，從內而出，人生受氣所自有者。」[74]
焦循發揮其義曰：「雜從集，《方言》云：『雜，集也。』古
雜、集二字皆訓『合』。與義雜生，即與義合生也。與義合生，

71 王夫之：《讀四書大全說》，《船山全書》，第6冊，卷8，頁928-929。
72 朱熹：《孟子集注》，卷2，頁5下。
73 有關的討論請參閱黃俊傑：《孟學思想史論‧卷一》，頁382-384。
74 趙岐註、孫奭疏：《孟子注疏》，卷3上，頁5。

是即配義與道而生也。」[75] 故趙注除了有訓詁學上的根據之外，亦可使這句話與上文的「配義與道」相呼應。但從下文看來，孟子這句話係針對告子「義外」之說，強調「義內」之旨，而趙岐和焦循對「集義」二字的解釋完全無法顯示此義。朱子則將這句話解釋爲：「集義，猶言積善，蓋欲事事皆合於義也。襲，掩取也，如『齊侯襲莒』之『襲』。言氣雖可以配乎道義，而其養之之始，乃由事皆合義，自反常直，是以無所愧怍，而此氣自然發生於中；非只行一事偶合於義，便可掩襲於外而得之也。」[76] 以「積善」釋「集義」，即是將「集」字理解爲「集聚」之意。這在訓詁上也說得通，而且也能表達「義內」之旨。但是朱子將「集義」釋爲「事事皆合於義」，卻使「集義」成爲一種外向的實踐活動，而且使孟子所要強調的「義內」之說成爲「氣內」之說。蓋朱子係根據他自己特有的心、理二分之義理間架來理解孟子的「集義」說[77]。對於朱子而言，「集義工夫，乃在知言之後」[78]，而「知言便是窮理」[79]。朱子所理解的「心」並非能制定道德法則（仁、義、禮、智）之「心」。他雖然有「心具眾理」之說，但此「具」僅意謂認知意義的「賅攝」，而非道德立法之意[80]。就這點而言，他的立場反而近於

---

75 焦循：《孟子正義》，頁202。

76 朱熹：《孟子集注》，卷2，頁6上。

77 參閱黃俊傑：〈朱子對孟子知言養氣說的詮釋及其迴響〉，《清華學報》，新18卷第2期（1988年12月），頁319-337；亦參閱其《孟學思想史論‧卷一》，頁386-388。

78 《朱子語類》，第4冊，卷52，頁1236。

79 同上註，頁1241。

80 請參閱拙著：《儒家與康德》，頁43-45及137-142。

告子，同爲一種「倫理學的重智論」。

在提出筆者對於「集義」一詞的解釋之前，我們有必要先分析「義襲而取之」這句話的文法結構。從上引朱注看來，朱子係將這句話理解爲「以義襲而取之」，以「之」字指「氣」。但是這種讀法很牽強，因爲既然孟子在上文說「以直養而無害」，何以在此卻要省略一個「以」字呢？焦循的讀法爲：「義襲而取，則義本在氣之外，取以附於氣耳。」[81] 則是將「義襲」讀成「襲義」，以「之」字指「義」。這種讀法更不通，因爲既然上一句說「集義」，何以下一句不順著說成「襲義」呢？而且就上下文來看，這個「之」字明明是指上文的「集義所生者」，亦即「浩然之氣」。王船山則針對朱注，提出他自己的讀法。這種讀法不但可以避免這些文法上的糾葛，在義理上也說得通。他的解釋如下：

> 「取之」「之」字，指浩然之氣說，非汎言氣也。義惟在吾心之內，氣亦在吾身之內，故義與氣相互爲配。氣配義，義即生氣。若云義在外，則義既在外，其可云氣亦在外乎？義在吾身心之外，而氣固在吾身之內，乃引義入以求益其氣，則氣有虛，而義乘其虛以襲之，因挾取此氣以爲義用矣。[82]

如此解讀「義襲而取之」，則是以「義」字爲主詞，以「之」字指浩然之氣，在文法上甚爲順適，而且也能顯示「義外」之意。

---

81 焦循：《孟子正義》，頁202。
82 王夫之：《讀四書大全說》，《船山全書》，第6冊，卷8，頁931。

　　依筆者之見，「義襲而取之」涵有〈離婁下〉第十九章所謂的「行仁義」之意，「集義」則涵有「由仁義行」之意。「行仁義」是以仁義爲外在的規範而求符合之；「義襲而取之」則是意謂：客觀之「義」自外強加於心，以求統御氣，儼如自外掩襲而奪氣。這兩種說法雖略有不同，其旨並無不同，均涵有「義外」之意。反之，「由仁義行」是以仁義爲心自定的法則而遵行之，行之而不間斷即是「集義」。故孟子的「養氣」工夫主要在於「集義」，而「集義」工夫要在心上作，以心自定的法則逐步滲透於氣，使氣日趨於理性化，這便是「浩然之氣」。「浩然之氣」的力量來自心及其內在法則，故下文云：「行有不慊於心，則餒矣。」趙注云：「慊，快也。」[83] 猶今語所謂「愜意」。「不慊於心」，意謂不合心之要求，心之要求即是其內在法則（義）。這句話與上文「其爲氣也，配義與道；無是，餒也」正相呼應。以上爲〈知言養氣章〉第三段之第一部分，即孟子對其「養氣」工夫的說明。

　　接著，孟子由其「養氣」說引出對告子的批評：「告子未嘗知義，以其外之也。」因爲孟子在說明其「養氣」工夫時，已隱含著對告子工夫論的批評，現在則正式指出其錯誤之處。關於這段「揠苗助長」的譬喻，其涵義極爲清楚，毋須多作解釋。根據筆者對於「不得於言，勿求於心；不得於心，勿求於氣」的詮釋，告子是以認知心來把握外在的客觀之「義」，再憑此客觀之「義」來統御氣。這樣一來，義之於心，心之於氣，

---

83 趙岐註、孫奭疏：《孟子注疏》，卷3上，頁5下。

都是一種外在的強制關係，道德主體之力量不能自然地透過「集義」的工夫自內滲透到氣，使氣理性化。告子的工夫雖然一時極易奏效，而達到不動心，但由於它並非根源於道德主體的真實力量，故無法持久。因此，孟子以「揠苗助長」喻之。反之，孟子的「養氣」工夫雖要靠長期的「集義」工夫累積其效，但因這是出自道德主體的真實力量，故可久可大。

在這段批評當中，唯有「必有事焉而勿正，心勿忘，勿助長也」這句話在文字章句上不易說得順適。黃俊傑先生嘗比較諸家之說，歸納爲三類：第一說以「正心」二字爲「忘」字傳寫之誤，持此說者有顧炎武、毛子水等人；第二說以「事」爲「福」字古文傳抄之誤，趙岐、翟灝、俞樾、勞思光之說屬於此類；第三說不改字，以朱子爲代表[84]。在此三說之中，筆者寧取第三說，因爲前兩說即使改動經文，亦未必較第三說解釋得更爲順適。朱注云：

> 「必有事焉而勿正」，趙氏、程子以七字爲句，近世或并下文「心」字讀之者亦通。必有事焉，有所事也，如「有事於顓臾」之「有事」。正，預期也。《春秋》傳曰「戰不正勝」，是也。如作「正心」，義亦同此。此與《大學》之所謂「正心」者，語意自不同也。此言養氣者必以集義爲事，而勿預期其效。其或未充，則但當勿忘其所有事，而不可作爲以助其長，乃集義

---

84 參閱黃俊傑：《孟學思想史論・卷一》，頁393-396。

養氣之節度也。[85]

朱注之優點是不必改字，又有訓詁上的根據。他以「集義」為「事」，在文句上也說得通。但如上文所言，我們不必接受他對於「集義」的解釋。依朱子的解讀，「勿正」即「勿預期其效」，此係針對告子預期速得不動心之效而說。「忘」字為「忘忽」之意，與下文「以為無益而舍之者，不耘苗者也」相呼應；「助長」二字則與下文「助之長者，揠苗者也」相呼應。如是，則「正」與「助長」乃是告子因義外而有之病。故朱注云：

> 舍之不耘者，忘其所有事。揠而助之長者，正之不得，而妄有作為者也。然不耘則失養而已，揠則反以害之。無是二者，則氣得其養而無所害矣。如告子不能集義，而欲彊制其心，則必不能免於正之病，其於所謂浩然者，蓋不惟不善養，而又反害之矣。[86]

因此，若不論朱子本人的特殊觀點，純就文句的意義而言，他對於這段話的解釋實可與上下文相連貫。總而言之，在〈知言養氣章〉第三段的第二部分，孟子藉「揠苗助長」之喻指出告子的「不動心」工夫之病，以反顯出他自己的養氣工夫之殊勝處。

6

在〈知言養氣章〉的第四段中，孟子接著說明「知言」的

---

85 朱熹：《孟子集注》，卷2，頁6下。
86 同上註。

工夫。根據前面的討論，此段的意旨實不難了解。筆者在第四
節已指出：「知言」之「言」是指有規範性意涵的思想或主張。
「詖」、「淫」、「邪」、「遁」四者即是這種「言」所表現
之病。告子基於其「義外」之論，以爲有客觀的判準可以決定
這些「言」之是非正誤，因而主張以正確之「言」爲「心」之
圭臬。這是以「言」爲主，「心」爲從，而「心」只是認知心。
這便是他所謂「不得於言，勿求於心」之意。但孟子所理解的
「心」不是認知心，而是道德心，一切「言」之是非正誤必須
以之爲權衡；故「言」之病即反映出「心」之病。「詖辭知其
所蔽，淫辭知其所陷，邪辭知其所離，遁辭知其所窮」這句話
中的四個「其」字，表面上是指提出詖辭、淫辭、邪辭、遁辭
的人，其實是指這些人的「心」，故「蔽」、「陷」、「離」、
「窮」四者爲「心」之病。朱注云：「人之有言，皆本於心。
其人明乎正理而無蔽也，然後其言平正通達而無病。苟爲不然，
則必有是四者之病矣。即其言之病，而知其心之失，又知其害
於政事之決然不可易者如此。」[87] 所言極是。因此，孟子所謂
的「知言」，是以能制定道德法則、因而能知是知非之「心」
爲權衡，來判定各種「言」之是非正誤。這是以「心」爲主，
「言」爲從，故孟子反對告子「不得於言，勿求於心」之說。

　　「知言」之重要性在於它可以防止所謂「觀念的災害」：「生
於其心，害於其政；發於其政，害於其事。」〈滕文公下〉第九
章則曰：「作於其心，害於其事；作於其事，害於其政。」於義
較順。孟子「知言」理論之特點在於透過作爲道德主體的「心」

---

87 同上註，頁7上。

來衡斷一切具有規範意涵的思想或主張之正誤；換言之，這是以實踐理性來統攝理論理性。告子則反其道而行，以理論理性來統攝、甚至取代實踐理性。但是理論理性並不足以作為價值或規範之最後裁決者；套用德國社會學家韋伯（Max Weber）的用語來說，理論理性只能決定「目的合理性」（Zweckrationalität），而無法決定「價值合理性」（Wertrationalität）。因此，當告子在價值與規範之抉擇中捨去能作為其最後裁決者的實踐理性，而訴諸理論理性之時，真正決定其抉擇的可能是一些連他自己都未必清楚意識到的主觀偏好或成見。在這種情況下，若他還堅持他所選擇的價值或規範，奉之為準則，便不免形成偏執；其結果必如二十世紀的一些烏托邦思想或意識形態一樣，造成人類的浩劫。因此，從當今人類的歷史經驗來看，「生於其心，害於其政；發於其政，害於其事」這句話決非危言聳聽。

最後，我們可以將孟子的「知言」與「養氣」這兩種工夫總結如下：這兩種工夫均以「心」為主宰，「知言」是以心定言，「養氣」是以心御氣，主要工夫均在「心」上作，其效果則分別表現在於「言」和「氣」上。但是在告子的義理系統中，「言」卻是首出的概念，其是非正誤自有其客觀的標準，非「心」所能決定。如此一來，「心」不再是道德法則與道德價值之根源，其作用僅在於認識客觀的法則，奉之為準則，並且以此來控制感性生命（氣）。但是從孟子的觀點看來，告子既未能把握真正的道德主體（即在道德上能立法、能知是知非的「本心」），則已失其大本。故告子既不能「知言」，亦不能「養氣」。儘管他能先孟子而不動心，但這只是一時的表面效果，終究無法

持久。由此可知，〈知言養氣章〉雖然主要在說明孟子的工夫論，但卻牽連到其整個義理系統；而透過本章之疏解，我們得以確定孟子義理系統的基本型態。

孟子王霸之辨重探

　　王霸之辨是孟子政治思想的核心問題之一，對中國人的政治意識影響甚大。自孟子首揭王霸之辨以來，此一分辨便成為中國人討論政治時的基本概念之一。但論及此一分辨的要旨與涵義，則各家的理解不盡相同。在宋代，環繞著孟子的王霸之辨，在李覯（1009-1059）、司馬光（1019-1086）、蘇轍（1039-1112）、陳亮（1143-1194）與王安石（1021-1086）、張九成（1092-1159）、張栻（1133-1180）、余允文（年代不詳）、朱子（1130-1200）之間曾發生反覆的爭辯 [1]。本文不擬討論各家對於王霸之辨的不同理解，而將重點放在孟子的說法上。但即使是孟子的說法，各家亦有不同、乃至相互對立的詮釋。我們若不對這些詮釋加以簡擇，便無法明確地把握孟子政治思想的要旨。

　　在《孟子》一書中，孟子共有四次直接談到王霸之辨。為了引用之方便，我們不妨將這四段話引述於下，並加上編號。

---

1 關於此一爭辯，參閱黃俊傑：《孟學思想史論·卷一》（臺北：東大圖書公司，1991年），頁443-452；黃俊傑：《孟學思想史論·卷二》（臺北：中央研究院中國文哲研究所，1997年），頁143-155。

1.孟子曰:「以力假仁者霸,霸必有大國;以德行仁者王,
王不待大。湯以七十里,文王以百里。以力服人者,非
心服也,力不贍也;以德服人者,中心悅而誠服也,如
七十子之服孔子也。《詩》云:『自西自東,自南自北,
無思不服。』此之謂也。」(〈公孫丑上〉第三章)

2.孟子曰:「五霸者,三王之罪人也;今之諸侯,五霸之
罪人也;今之大夫,今之諸侯之罪人也。天子適諸侯曰
巡狩,諸侯朝於天子曰述職。春省耕而補不足,秋省斂
而助不給。入其疆,土地辟,田野治,養老尊賢,俊傑
在位,則有慶;慶以地。入其疆,土地荒蕪,遺老失賢,
掊克在位,則有讓。一不朝,則貶其爵;再不朝,則削
其地;三不朝,則六師移之。是故天子討而不伐,諸侯
伐而不討。五霸者,摟諸侯以伐諸侯者也。故曰:五霸
者,三王之罪人也。五霸,桓公為盛。葵丘之會諸侯,
束牲、載書而不歃血。初命曰:『誅不孝,無易樹子,
無以妾為妻。』再命曰:『尊賢育才,以彰有德。』三
命曰:『敬老慈幼,無忘賓旅。』四命曰:『士無世官,
官事無攝,取士必得,無專殺大夫。』五命曰:『無曲
防,無遏糴,無有封而不告。』曰:『凡我同盟之人,
既盟之後,言歸于好。』今之諸侯,皆犯此五禁,故曰:
今之諸侯,五霸之罪人也。長君之惡,其罪小;逢君之
惡,其罪大。今之大夫,皆逢君之惡,故曰:今之大夫,
今之諸侯之罪人也。」(〈告子下〉第七章)

3.孟子曰:「霸者之民,驩虞如也;王者之民,皞皞如
也。殺之而不怨,利之而不庸,民日遷善而不知為之

者。夫君子所過者化，所存者神，上下與天地同流，
豈曰小補之哉？」（〈盡心上〉第十三章）

4.孟子曰：「堯、舜，性之也；湯、武，身之也；五霸，假之
也。久假而不歸，惡知其非有也？」（〈盡心上〉第卅章）

在歷代註家對這四段文字的不同詮釋之中，最主要的爭論點
在於：王霸之間究竟只是程度上的差別？還是本質上的區分？前
一論點可稱為「王霸同質論」，後一論點可稱為「王霸異質論」。
在歷代註家當中，主張王霸異質論者實不乏其人，其中最重要的
代表或許是朱子。朱子在《孟子集注》中解釋上引第四段文字時
說道：「堯、舜天性渾全，不假修習。湯、武修身體道，以復其
性。五霸則假借仁義之名，以求濟其貪欲之私耳。」又其《孟子
或問》云：「古之聖人致誠心以順天理，而天下日服，王者之
道也。〔…〕若夫齊桓、晉文，則假仁義以濟私欲而已。設使
僥倖於一時，遂得王者之位而居之，然其所由，則固霸者之道
也。」[2] 程明道(1032-1085)則有〈論王霸劄子〉，其中說道：

> 得天理之正，極人倫之至者，堯、舜之道也；用其私
> 心，依仁義之偏者，霸者之事也。王道如砥，本乎人
> 情，出乎禮義，若履大路而行，無復回曲。霸者崎嶇
> 反側於曲徑之中，而卒不可與入堯、舜之道。故誠心
> 而王則王矣，假之而霸則霸矣，二者其道不同，在審
> 其初而已。〔…〕苟以霸者之心而求王道之成，是術

---

2 《朱子遺書》（臺北：藝文印書館，1971年，據清康熙中禦兒呂氏寶誥
　堂重刻白鹿洞原本影印），第5冊，《孟子或問上》，卷1，頁5上。

石以為玉也。故仲尼之徒無道桓、文之事，而曾西恥
比管仲者，義所不由，況下於霸者哉？[3]

黃宗羲(1610-1695)在《孟子師說》中也說道：「王霸之分，不在事
功，而在心術。事功本之心術者，所謂『由仁義行』，王道也。只
從跡上模倣，雖件件是王者之事，所謂『行仁義』者，霸也。」[4] 張
九成在其《孟子傳》中則說道：「有聖王之學，有霸者之學。聖
王之學，其本為天下國家，故其說以民為主。霸者之學，其本在
於便一己而已矣，故其說以利為主。」[5] 王安石也說道：

> 仁義禮信，天下之達道，而王霸之所同也。夫王之與
> 霸，其所以用者則同，而其所以名者則異，何也？蓋
> 其心異而已矣。其心異則其事異，其事異則其功異，
> 其功異則其名不得不異也。王者之道，其心非有求於
> 天下也，所為仁義禮信者，以為吾所當為而已矣。〔…〕
> 霸者之道則不然：其心未嘗仁也，而患天下惡其不仁，
> 於是示之以仁；其心未嘗義也，而患天下惡其不義，
> 於是示之以義；其於禮信，亦若是而已矣。[6]

類似之說在歷代的《孟子》注疏中還有不少，此處無法(亦

---

3 《河南程氏文集》，卷1，見《二程集》(臺北：里仁書局，1982年)，頁450-451。
4 黃宗羲：《孟子師說》，卷1，見沈善洪主編：《黃宗羲全集》(杭州：
  浙江古籍出版社，1985-1994年)，第1冊，頁51。
5 張九成：《孟子傳》(臺北：世界書局，1986年，收入《景印摛藻堂四
  庫全書薈要》第71冊)，卷2，頁9上。
6 王安石：《臨川先生文集》(臺北：臺灣商務印書館，1979年，收入《四
  部叢刊正編》第46冊)，卷67，頁6，〈王霸〉。

不必）一一引述。在歷代註家中，持此說者顯然居多數，這並非出於偶然，而是因為此說在《孟子》書中有其根據。首先，以上諸人之說可用黃宗羲的「王霸之分，不在事功，而在心術」一語概括之。以道德存心作為理想政治之基礎，確是孟子的一貫觀點。故他說：「先王有不忍人之心，斯有不忍人之政矣。以不忍人之心，行不忍人之政，治天下可運之掌上。」（〈公孫丑上〉第六章）又說：「三代之得天下也以仁，其失天下也以不仁。國之所以廢興存亡者亦然。」（〈離婁上〉第三章）再則說：「惟大人為能格君心之非。君仁莫不仁，君義莫不義，君正莫不正。一正君而國定矣。」（〈離婁上〉第廿章）

其次，孟子的確有貶抑霸者之意。譬如，齊宣王問他說：「齊桓、晉文之事，可得聞乎？」他答道：「仲尼之徒無道桓、文之事者，是以後世無傳焉，臣未之聞也。無以，則王乎？」（〈梁惠王上〉第七章）又據〈公孫丑上〉第一章所載：

> 公孫丑問曰：「夫子當路於齊，管仲、晏子之功，可復許乎？」孟子曰：「子誠齊人也，知管仲、晏子而已矣。或問乎曾西曰：『吾子與子路孰賢？』曾西蹵然曰：『吾先子之所畏也。』曰：『然則吾子與管仲孰賢？』曾西艴然不悅，曰：『爾何曾比予於管仲？管仲得君，如彼其專也；行乎國政，如彼其久也；功烈，如彼其卑也。爾何曾比予於是？』」曰：「管仲，曾西之所不為也，而子為我願之乎？」

「五霸」究竟何所指，儘管有不同的說法 [7]，但均包括齊桓公與
晉文公在內。故孟子對齊桓公、晉文公與管仲的臧否實即代表
他對霸者的評價。因此，程明道在上引〈論王霸劄子〉的文字
中也引述了這兩段故實，作為佐證。

　　但更重要的是，以上諸人之說均預設：孟子的王霸之辨是
其義利之辨在政治領域中的邏輯延伸。這在朱子與陳亮關於
漢、唐的辯論中尤其可以清楚地看出來。關於朱子與陳亮之間
的這場辯論，當代學者已有深入的討論，此處不再重覆 [8]。就本
文的目的而言，我們可將雙方所代表的觀點簡述如下：在倫理
學的層面，朱子堅守孟子的義利之辨，代表「存心倫理學」
（Gesinnungsethik）的立場；陳亮雖則認為義不能脫離利，反對無

---

7 關於五霸之說，參閱黃俊傑：《孟學思想史論・卷一》，頁456。
8 關於這場辯論，請參閱：
（1）Hoyt C. Tillman: *Utilitarian Confucianism: Ch'en Liang's Challenge to
　　Chu Hsi* (Cambridge/Mass.: Council on East Asian Studies, Harvard
　　University, 1982), pp. 133-168.
（2）Hoyt C. Tillman: *Confucian Discourse and Chu Hsi's Ascendancy*
　　(Honolulu: University of Hawaii Press, 1992), pp. 155-186.
（3）田浩著、姜長蘇譯：《功利主義儒家──陳亮對朱熹的挑戰》（南京：
　　江蘇人民出版社，1997年），頁94-119。
（4）田浩著：《朱熹的思維世界》（臺北：允晨文化公司，1996年），頁
　　217-264。
（5）牟宗三：《政道與治道》（臺北：臺灣學生書局，1987年），頁221-269。
（6）鄧廣銘：〈朱陳論辯中陳亮王霸義利觀的確解〉，見《鄧廣銘治史叢
　　稿》（北京：北京大學出版社，1997年），頁214-224。
（7）葉世昌、馬新愛：〈陳亮主張「義利雙行」說質疑──兼論陳亮、朱熹
　　在義利觀上的分歧〉，《孔孟月刊》，第35卷第8期(1997年4月)，頁28-
　　31。
以上著作中，(3)是(1)的中譯本，(4)是(2)的修訂中譯本。

功利內容的義，因而代表「功效倫理學」（Erfolgsethik）──甚至可以說，「功利主義倫理學」（utilitarian ethics）──的立場。

在德國倫理學的討論中，「功效倫理學」與「存心倫理學」是依嚴格二分法而畫分的兩種倫理學型態。簡單地說，功效倫理學主張：一個行為的道德價值之最後判準在於該行為所產生或可能產生的後果；反之，存心倫理學則堅持：我們判定一個行為之道德意義時所根據的主要判準，並非該行為所產生或可能產生的後果，而是行為主體之存心。董仲舒所謂「正其誼不謀其利，明其道不計其功」正是代表存心倫理學的觀點，而功利主義倫理學則是一種典型的功效倫理學。朱子和陳亮從這兩個不同的倫理學立場出發，對漢高祖、唐太宗的評價便截然不同。在朱子看來，儘管漢高祖、唐太宗有輝煌的功業，但這只是「與天理暗合」，並不能使其私欲合理化，故他們所行的仍是霸道，而非王道。朱子在與陳亮的信中說道：

> 老兄視漢高帝、唐太宗之所為，而察其心，果出於義耶？出於利耶？出於邪耶？正耶？若高帝，則私意分數猶未甚熾，然已不可謂之無。太宗之心，則吾恐其無一念之不出於人欲也。直以其能假仁借義以行其私，而當時與之爭者，才能智術既出其下，又無有仁義之可借，是以彼善於此，而得以成其志耳。若以其能建立國家，傳世久遠，便謂其得天理之正，此正是以成敗論是非，但取其獲禽之多，而不羞其詭遇之不出於正也。千五百年之間，正坐如此，所以只是架漏牽補，過了時日。其間雖或不無小康，而堯、舜、三王、

周公、孔子所傳之道未嘗一日得行於天地之間也。[9]

由這段話我們可以很清楚地看出：朱子係根據孟子的義利之辨來衡量漢高祖、唐太宗之所為，而斷定其心出於利，是孟子所謂「以力假仁者霸」。在他看來，王與霸之不可混同，正如義與利之判然而分，所以他說：

> 夫人只是這箇人，道只是這箇道，豈有三代、漢、唐之別？但以儒者之學不傳，而堯、舜、禹、湯、文、武以來轉相授受之心不明於天下，故漢、唐之君雖或不能無暗合之時，而其全體卻只在利欲上。此其所以堯、舜、三代自堯、舜、三代，漢祖、唐宗自漢祖、唐宗，終不能合而為一也。[10]

但依陳亮之見，義之所以為義，不能單以存心為斷，而須計其功利。他由否定義利之辨，進而否定王霸之辨。故他反駁朱子道：

> 孔子之稱管仲曰：「咸〔桓〕公九合諸侯，不以兵車，管仲之力也。如其仁！如其仁！」又曰：「一正〔匡〕天下，民到于今受其賜。微管仲，吾其被髮左袵矣。」説者以為：孔氏之門，五尺童子皆羞稱五伯；孟子力論伯者以力假仁；而夫子稱之如此，所謂「如其仁」者，蓋曰似之而非也。觀其語脈，決不如説者所云。

9 郭齊、尹波點校：《朱熹集》（成都：四川教育出版社，1996年），第3冊，卷36，頁1592，〈答陳同甫〉第六書；標點略有更改。
10 同上註，頁1600，〈答陳同甫〉第八書；標點略有更改。

故伊川所謂「如其仁」者，稱其有仁之功用也。仁人
明其道不計其功，夫子亦計人之功乎？若如伊川所
云，則亦近於來論所謂「喜獲禽之多」矣。[11]

主張王霸同質論者往往引述孔子對齊桓公與管仲的正面評價，作
為理據。的確，孔子並不完全否定霸者之所為，如《論語・憲問》
第十五章云：「晉文公譎而不正，齊桓公正而不譎。」此外，他曾
兩度稱贊管仲之功業，分別載於《論語・憲問》第十六及十七章：

子路曰：「桓公殺公子糾，召忽死之，管仲不死。」
曰：「未仁乎？」子曰：「桓公九合諸侯，不以兵車，
管仲之力也。如其仁！如其仁！」
子貢曰：「管仲非仁者與？桓公殺公子糾，不能死，
又相之。」子曰：「管仲相桓公，霸諸侯，一匡天下，
民到于今受其賜。微管仲，吾其被髮左衽矣！豈若匹
夫匹婦之為諒也，自經於溝瀆而莫之知也！」

主張王霸異質論者除非承認孟子與孔子對王霸的看法不
同，否則必須面對這兩段話的詮釋問題。陳亮在此提及的伊川
之說見於一則語錄：

孔子未嘗許人以仁。或曰：「稱管仲『如其仁』，何
也？」曰：「此聖人闡幽明微之道。只為子路以子糾

---

11 《陳亮集》（北京：中華書局，1987年增訂本），下冊，卷28，頁349，
〈又乙巳春書之二〉。

之死，管仲不死為未仁，此甚小卻管仲，故孔子言其

有仁之功。此聖人言語抑揚處，當自理會得。」[12]

朱子在《論語集注》中就採取伊川之說，因此他說：「如其仁，
言誰如其仁者，又再言以深許之。蓋管仲雖未得為仁人，而其利
澤及人，則有仁之功矣。」《朱子語類》中有一段話說得更為詳細：

> 彝叟問：「『行仁』與『假仁』如何？」曰：「公且
> 道如何是『行仁』、『假仁』？」曰：「莫是誠與不
> 誠否？」曰：「這箇自分曉，不須問得。如『由仁義
> 行，非行仁義』處卻好問。如行仁，便自仁中行出，
> 皆仁之德。若假仁，便是恃其甲兵之強，財賦之多，
> 足以欺人，是假仁之名以欺其眾，非有仁之實也。故
> 下文言『伯必有大國』，其言可見。」又曰：「成湯
> 東征西怨，南征北怨，皆是拯民於水火之中，此是行
> 仁也。齊桓公時，周室微弱，夷狄強大，桓公攘夷狄，
> 尊王室，『九合諸侯，不以兵車』。這只是仁之功，
> 終無拯民塗炭之心，謂之行仁則不可。」[13]

「如其仁」一語宜作何解？歷代注疏家頗有爭議。孔安國
註曰：「誰如管仲之仁？」邢昺據此將這句話解作：「足得為

---

12 《河南程氏遺書》，卷18，〈伊川先生語四〉，見《二程集》（臺北：
里仁書局，1982年），上冊，頁183。

13 《朱子語類》（臺北：文津出版社，1986年，據北京中華書局1986年版
翻印），第4冊，卷52，頁1277。

仁，餘更有誰如其管仲之仁？」[14] 意謂孔子許管仲爲仁者。朱子將這句話解作「誰如其仁」，在訓詁上係採孔安國之說，但在義理上卻認爲孔子未許管仲以仁，只是肯定其「仁之功」。陳文祥在其《四書辨疑》中對朱子的解釋提出質疑：

> 注言「誰如其仁」，一「誰」字該盡古今天下之人，更無人如管仲之仁，無乃許之太峻乎！仲爲霸者之佐，始終事業不過以力假仁而已，所假之仁非其固有之仁，豈有人皆不如之理？夫子向者言「管仲之器小哉」，又謂僭不知禮，今乃連稱「誰如其仁，誰如其仁」，聖人之言何其不恆如是邪？況經之本文，「如其」上亦無「誰」字之意。王滹南曰：「『如其』云者，幾近之謂也。」此解「如其」二字意近。然此等字樣，但可意會，非訓解所能盡。大抵「如」之爲義，蓋極似本真之謂，如云「如其父」、「如其兄」、「如其所聞」，文字語話中似此用「如其」字者不少。以此相方，則「如其仁」之義乃可見。管仲乃假仁之人，非有仁者真實之仁，所成者無異，故曰「如其仁」也。[15]

陳文祥在訓詁上對朱子提出的批評甚有道理，但在義理上他與朱子仍屬同調，因爲他們均認爲孔子並未許管仲以仁。此外，無論是將「如其」二字解作「虛擬之詞」（黃培芳《雲泉隨札》），

---

14 何晏注、邢昺疏：《論語注疏》（臺北：臺灣中華書局，四部備要本），卷14，頁5。

15 引自程樹德：《論語集釋》（臺北：鼎文書局，1973年），卷29，頁857-858。

解作「乃」(黃式三《論語後案》及劉寶楠《論語正義》),解
作「似乎」(李光地《論語劄記》)[16],還是將「如其仁」三字解
作「如何其以仁也」(俞樾《諸子平議》)[17],都是意謂孔子對管
仲之仁有所保留。比較特殊的解釋見諸鄭汝諧的《論語意原》
及翟灝的《四書考異》,他們都認爲「其」字實指召忽,意謂
管仲如召忽之仁[18]。這種解釋除了在訓詁上有些牽強之外,還
得面對陳文祥的上述質疑。

　　不論如何,朱子的解釋進一步證實了以上所說:朱子從「存心
倫理學」的立場將王霸之辨理解爲義利之辨在政治領域中的邏輯延
伸。他以孟子所說的「由仁義行」與「行仁義」來解釋王霸之別。
「由仁義行」與「行仁義」之區別是一切存心倫理學的基本預設。
它相當於康德所謂「出於義務」(aus Pflicht)與「合乎義務」
(pflichtmäßig)——或者說,「道德性」(Moralität)與「合法性」
(Legalität)——之別。康德倫理學也是一種典型的存心倫理學。巧的
是,康德在《論永久和平》中討論政治與道德的關係時,也提出「道
德的政治家」與「政治的道德家」之區別。根據他的說明,「道德
的政治家」是「一個將治國的原則看成能與道德並存的人」,而「政
治的道德家」則是「編造出一套有助於政治家之利益的道德」[19]。

---

16 以上諸說見同上書,卷29,頁858。
17 俞樾:《諸子平議》,卷34,頁399; 此書收入《新編諸子集成》(臺
　　北:世界書局, 1978年),第8冊。 汪榮寶則贊同孔安國註,反對俞
　　說,說見其《法言義疏》(北京:中華書局,1987年),上冊,卷2,頁
　　38-39。
18 見程樹德:《論語集釋》,卷29,頁858。
19 Immanuel Kant: *Zum ewigen Frieden*, in: *Kants Gesammelte Schriften*

換言之，前者將道德視爲政治的基礎，後者只是利用道德，以遂
行其政治目的。如果朱子對於孟子王霸之辨的詮釋無誤的話，我
們便可以套用康德的概念說：王者屬於「道德的政治家」，霸者
則屬於「政治的道德家」。

　　但陳亮的質疑是：即使依照伊川、朱子的詮釋，孔子許管仲
以「如其仁」，是許其「有仁之功」，則顯然孔子也承認政治家
須計及功利。陳亮由此論斷：義、利之間無法截然畫分，而王、
霸之間亦無本質上的區別（至多只有程度上的區別）。因此，誠如
鄧廣銘先生所言，陳亮是「王道霸道一元論者」，亦是「仁義功
利一元論者」[20]。不過，陳亮以孔子許管仲以「如其仁」的事實來
反駁朱子，乃至孟子，在論證上是無力的。筆者在〈從康德的「幸
福」概念論儒家的義利之辨〉一文中曾反駁「孟子是功利主義者」
的看法，而指出：孟子的義利之辨基本上預設存心倫理學的立場，
此一分辨旨在強調「善之異質性（heterogeneity）」，即反對將道德
意義的「善」化約爲非道德意義的「善」，但他並不排斥非道德
意義的「善」，而只是反對以之爲道德價值之唯一的或最後的判
準。因此，孟子仍可接受功利原則作爲衍生的道德原則[21]。

　　進而言之，如果孟子的王霸之辨確如朱子所理解的，是義
利之辨在政治領域中的邏輯延伸，則王者亦未必不計及功利，
甚至可能會將功利（尤其是公眾之利益）之追求視爲己任。筆者

　　（Akademieausgabe），Bd. 8, S. 372.

20　鄧廣銘：〈朱陳論辯中陳亮王霸義利觀的確解〉，《鄧廣銘治史叢稿》，
　　頁224。

21　參閱拙著：《儒家與康德》（臺北：聯經出版公司，1990年），頁147-
　　152。

在〈存心倫理學、責任倫理學與儒家思想〉一文中曾詳細討論
德國社會學家韋伯(Max Weber)所謂的「責任倫理學」(Verant-
wortungsethik),並且指出:真正的「存心倫理學」(康德與孟子
的倫理學均屬此類)在邏輯上不但與韋伯所謂的「責任倫理學」
不相牴牾,甚至涵蘊後者。韋伯提出「責任倫理學」的概念,主
要是為了提醒政治家(尤其是身處於現代多元社會的政治家):他
們不止在存心上應有所堅持,還要考慮其行為可能帶來的後果,
並對此負責。若筆者對韋伯的理解無誤的話,孟子當會同意「責
任倫理學」的原則。故筆者在經過詳細分析之後,得出以下的結
論:「〔…〕以孔、孟為代表的儒家主流思想基本上包含兩個倫
理學面向,這兩個面向分別對應於康德底『存心倫理學』與韋伯
底『責任倫理學』。」[22] 因此,黃宗羲說:「王者未必不行霸者
之事,而霸者不能有王者之心。」[23] 可謂得其要旨。

陳亮與朱子的辯論還牽涉到一個歷史哲學的問題,即「道之
歷史性」的問題。如上文所引,朱子論秦、漢以後的中國歷史說:
「千五百年之間,正坐如此,所以只是架漏牽補,過了時日。其
間雖或不無小康,而堯、舜、三王、周公、孔子所傳之道未嘗一
日得行於天地之間也。」陳亮的觀點正好與此針鋒相對,他說:

> 本朝伊、洛諸公辨析天理人欲,而王霸義利之說於是大
> 明。然謂三代以道治天下,漢、唐以智力把持天下,其

---

22 拙作:〈存心倫理學、責任倫理學與儒家思想〉,《臺灣社會研究》,
第21期(1996年元月),頁242。

23 黃宗羲:《孟子師說》,卷7,見沈善洪主編:《黃宗羲全集》,第1冊,
頁152。

說固已不能使人心服；而近世諸儒，遂謂三代專以天理
行，漢、唐專以人慾行，其間有與天理暗合者，是以亦
能久長。信斯言也，千五百年之間，天地亦是架漏過時，
而人心亦是牽補度日，萬物何以阜蕃，而道何以長存
乎？故亮以為：漢、唐之君，本領非不洪大開廓，故能
以其國與天地並立，而人物賴以生息。惟其時有轉移，
故其間不無滲漏。曹孟德本領一有踈欹，便把捉天地不
定，成敗相尋，更無著手處。此卻是專以人慾行，而其
間或能有成者，有分毫天理行乎其間也。諸儒之論，為
曹孟德以下諸人設可也，以斷漢、唐，豈不寃哉！高祖、
唐宗豈能心服於冥冥乎？天地鬼神亦不肯受此架漏。謂
之雜霸者，其道固本於王也。[24]

陳亮的意思是說：若依朱子等人所說，秦、漢以後，道未嘗一日
得行於天地之間，則道完全成為抽象的、懸空的，而失去其在歷
史中的現實性。若說道在歷史中偶有不得體現之時（如曹魏），尚
有可能；若說千五百年來，道完全不得實現，誰能相信？「心有
時而泯，可也，而謂千五百年常泯，可乎？法有時而廢，可也，
而謂千五百年常廢，可乎？」[25] 綜言之，朱子等人從孟子的王霸
之辨出發，強調道之理想性，故必然將漢武帝、唐太宗歸諸霸者；
反之，陳亮從「王道霸道一元論」出發，強調道之現實性（歷史
性），故要為漢武帝、唐太宗爭一席之地，謂其所為亦本乎王道。

其實，朱子等人並不否認漢高祖、唐太宗之功業，只是反

---

24 《陳亮集》，下冊，卷28，頁340，〈又甲辰秋書〉；標點略有更改。
25 同上書，下冊，卷28，頁349，〈又乙巳春書之二〉；標點略有更改。

對因其功業而將他們歸諸王者，因爲他們只是「以力假仁者」。「與天理暗合」是朱子等人對漢高祖、唐太宗的歷史評價。在強調政治理想主義的康德，亦可見到類似的思考。如上所述，康德強調政治應以道德爲基礎；此外，他也揭櫫「永久和平」爲人類歷史發展的目的。依康德之見，「永久和平」是人類的實踐理性之要求，但它在歷史中的逐步實現並非全靠實踐理性的力量。在《論永久和平》一書中，康德指出：永久和平之達成和保障一方面依靠「在最熱烈的競爭中所有力量底平衡」，另一方面依靠「相互的自利」，即「商業精神」[26]。在〈在世界公民底觀點下的普遍歷史之理念〉一文中，他爲人類歷史的發展提出了九條定律，其中的第四條定律是：「**自然爲促成全部自然稟賦之發展所使用的手段是這些稟賦在社會中的對抗，但係就這種對抗最後成爲一種合乎法則的社會秩序之原因而言。**」[27] 此處所謂「一種合乎法則的社會秩序」其實便是指「永久和平」。接著，他解釋道：「這裡所說的『**對抗**』，我是指人底非社會的社會性（ungesellige Geselligkeit）；也就是說，人進入社會的性癖（Hang），而這種性癖卻與一種不斷威脅要分裂這個社會的普遍抗拒連結在一起。這種稟賦顯然存在於人性之中。」[28] 簡言之，所謂「非社會的社會性」是指人類的私欲在社會生活中所造成的對抗。康德在這種對抗中看到促使人類歷史進步的動力，因爲它們可以激發人類理性之潛能，使之能夠進一步的發

---

26 I. Kant: *Zum ewigen Frieden*, a.a.O., S. 367f.
27 I. Kant: "Idee zu einer allgemeinen Geschichte in weltbürgerlicher Absicht", in: *Kants Gesammelte Schriften*, Bd. 8, S. 20.
28 同上註。

展。

後來，黑格爾也提出「理性之詭詐」（List der Vernunft）的
概念。他在《哲學百科全書》中解釋道：

> 理性是**詭詐的**，正如它是**有力的**。這種詭詐根本存在
> 於中介性的活動之中。當這種活動讓對象按照它們自
> 己的本性相互影響，並且相互消耗，而不直接干涉此
> 一過程之際，它仍然僅促使**它的**目的實現。在這個意
> 義下，我們可以說：對於世界及其進程，神意表現為
> 絕對的詭詐。上帝任由人類放縱其激情和興趣，其結
> 果卻是實現了他自己的目標，而這些目標並非他所利
> 用的人類原先所關心的。[29]

此處所說的「理性」相當於目的論觀點下的「上帝」，或者說，
「神意」（Vorsehung）。無論是康德的「非社會的社會性」，還
是黑格爾的「理性之詭詐」，均有助於了解朱子所謂「與天理
暗合」之義。此中的歷史哲學意涵是：人類的私欲也可成為歷
史發展的動力 [30]。

「暗合」之說使朱子可以在堅持王霸異質論的同時，亦承
認霸者之功業，從而避開陳亮的指摘。《朱子語類》有一段文
字顯示朱子對於霸者的肯定：

---

29 G.W.F. Hegel: *Enzyklopädie der philosophischen Wissenschaften* I, in:
　　G.W.F. Hegel: Werke, Theorie Werkausgabe (Frankfurt/M 1969ff.), Bd. 8,
　　S. 365, 　§ 209 Zusatz.

30 關於此一意涵，請參閱拙作：〈康德的「歷史」概念〉，《中國文哲
　　研究集刊》，第7期（1995年9月），頁170-172。

> 亞夫問：「管仲之心既已不仁，何以有仁者之功？」曰：
> 「如漢高祖、唐太宗，未可謂之仁人。然自周室之衰，
> 更春秋、戰國，以至於暴秦，其禍極矣！高祖一旦出來
> 平定天下，至文、景時幾至刑措。自東漢以下，更六朝、
> 五胡，以至於隋，雖曰統一，然煬帝繼之，殘虐尤甚。
> 太宗一旦埽除，以致貞觀之治。此二君者，豈非是仁者
> 之功耶！若以其心言之，本自做不得這簡功業。然謂之
> 非仁者之功，可乎？管仲之功亦猶是也。」[31]

再者，面對陳亮以道之現實性相質疑，我們可以代朱子答覆如
下：誠然，道無一日不行，然道之運行未必皆出於人之自覺。
故客觀而論，漢高祖、唐太宗之功業固可視為道於不自覺中的
實現，但就王、霸之嚴格區別而言，他們決非王者。

　　但朱子畢竟未像康德和黑格爾那樣，在「暗合」說的基礎
上進一步提出其關於歷史發展的構想。因此，牟宗三先生說：
朱子的思考僅停於「知性之抽象階段」中[32]。不過，在先秦儒
家中並不乏這類的思考。姑且不論日後公羊家「據亂世」、「升
平世」、「太平世」的三世說，孔子本人即有「齊一變，至於
魯；魯一變，至於道」（《論語‧雍也》第廿四章）之說。在本
文開頭所引有關王霸之辨的第二段引文中，孟子所說：「五霸
者，三王之罪人也；今之諸侯，五霸之罪人也；今之大夫，今
之諸侯之罪人也」，也隱含他關於歷史進展（或倒退）的思考。

---

31 《朱子語類》，第3冊，卷44，頁1128；標點略有更改。
32 牟宗三：《政道與治道》（臺北：臺灣學生書局，1987年），頁253-260。

在這段引文中，孟子對於齊桓公的描述並不差，頗類乎《荀子·王霸篇》所說的「信立而霸」與「與端誠信全之士爲之則霸」[33]。在孟子論王霸之辨的第三段引文中，「霸者之民，驩虞如也」的描述亦不算差。由此可知，孟子在政治哲學中嚴王霸之辨並無礙於他在歷史思考中承認霸者的相對價值與地位。這使我們有必要重新考慮第四段引文中所說的「五霸，假之也。久假而不歸，惡知其非有也？」一語，究竟應如何詮釋。

關於這句話的涵義，趙岐注：「五霸若能久假仁義，譬如假物，久而不歸，安知其不真有也？」單從語法上來看，這種解釋文從字順，應是確解。所以，理雅各（James Legge）、劉殿爵的英譯本和衛禮賢（Richard Wilhelm）的德譯本都採取這種解釋。焦循《孟子正義》也是根據趙注去加以發揮，其文曰：「五霸假借仁義之名，旋復不仁不義，不能久也。假而能久，仁亦及人，究殊乎不能假而甘爲不仁者也。」[34]

但就義理而言，這種解釋似乎否定了王霸異質論。所以，朱子不接受這種解釋，其《孟子集注》云：「歸，還也；有，實有也。言竊其名以終身，而不自知其非真有。或曰：『蓋嘆世人莫覺其僞者』，亦通。舊說：『久假不歸，即爲真有』，

---

33 有些學者（如韋政通先生）強調荀子與孟子的王霸論之不同，認爲：荀子並不像孟子那樣，主張王者與霸者在本質上的區別，而只是承認兩者在程度上的差異。請參閱韋政通編：《中國哲學辭典》（臺北：大林出版社，1980年），頁167，〈王與霸〉條。 但依筆者淺見，這種看法大有商榷的餘地。因爲這種看法不但忽略了荀子亦主張義利之辨，在政治上強調「以義制利」（《荀子·正論篇》），也未考慮到孟子對於霸者亦有與荀子類似的評價。

34 焦循：《孟子正義》（臺北：文津出版社，1988年），下冊，頁924。

則誤矣。」所謂「舊說」即是指趙注。朱子明白地反對這種解釋，甚至說：「諸家多如此說，遂引惹得司馬溫公、東坡來鬧孟子。」[35] 此外，《朱子語類》亦載有以下的討論：

> 或問：「『仁，人心也。』若假借為之，焉能有諸己哉？而孟子卻云：『五霸久假而不歸，惡知其非有？』何也？」曰：「此最難說。前輩多有辨之者，然卒不得其說。『惡知』二字為五霸設也，如云五霸自不知也。五霸久假而不歸，安知其亦非己有也。」[36]

由「此最難說」一語，可見朱子亦覺此句的解釋很難兼顧語法與義理。他以「五霸」為「烏知其非有也？」一語的主詞，雖符合他自己對王霸之辨的理解，但在語法上卻不甚順適。黃宗羲《孟子師說》亦承此說而加以發揮：

> 「久假而不歸」者，不歸於帝王之誠。「烏知其非有」，則以五霸終不知其非己有也。彼方有功業可見，有聲名可借，以其在外者為己之所有也。不然，雖己所不欲為，邁於事勢，而不得為，豈己之所有哉？[37]

或許是由於朱子的解釋在語法上顯得牽強，明儒呂坤（1536-1618）另闢蹊徑，即在語法上從舊說，但在義理上另作新解。他說：

---

35 《朱子語類》，第4冊，卷60，頁1449：標點略有更改。

36 同上註，頁1448：標點略有更改。

37 黃宗羲：《孟子師說》，卷7，見沈善洪主編：《黃宗羲全集》，第1冊，頁156。

王霸以誠偽分，自宋儒始。其實誤在「五伯假之」、「以力假仁」二「假」字上，不知這「假」字只是借字。二帝、三王以天德為本，便自能行仁，夫焉有所倚？霸者要做好事，原沒本領，便少不得借勢力以行之。不然，令不行，禁不止矣。乃是借威力以行仁義。故孟子曰：「以力假仁者霸。」以其非身有之，故曰假借耳。人之服之也，非為他智能，愚人沒奈他威力何，只得服他。服人者以強，服於人者以偽。管、商都是霸佐，看他作用，都是威力制縛人，非略人略賣人者。故夫子只說他「器小」，孟子只說他「功烈如彼其卑」。〔…〕以德以力，所行底門面都是一般仁義。如五禁之盟，二帝、三王難道說他不是？難道反其所為？他只是以力行之耳。「德」、「力」二字最確，「誠」、「偽」二字未穩，何也？王霸是個麤分別，不消說到誠偽上。若到細分別處，二帝三王便有誠偽之分，何況霸者？[38]

他將「假」解釋為「憑藉」，而非「假借」之意。依此，王者之德足以化民，自然毋須憑藉威力。這是根據孟子王霸之辨的第三段文字中所描述的王者德化之效——「所過者化，所存者神，上下與天地同流」——而說。呂坤將「以力假仁」解釋為「借威力以行仁義」。故在他看來，王霸之別不在其動機，而在其手段：王者能以德化人，自然能行仁義；霸者無王者之德，不

---

38 呂坤：《呻吟語》（臺北：河洛圖書公司，1974年），頁252-253；標點有所更改。

足以服人心，只能憑藉威力以行仁義。呂坤在此雖未特別解釋
「烏知其非有也？」一語，但既然他不以誠偽分王霸，則他採
取舊說「久假不歸，即爲真有」，亦是順理成章之事。這樣的
解釋雖有巧思，但在語法上又產生新的問題。因爲孟子明明是
說「假仁」，而非「假力」，而且「堯、舜，性之也；湯、武，
身之也；五霸，假之也」一語中的三個「之」字應是同指「仁」
或「仁義」，而不可能是指「力」。但更大的困難是：這種解
釋有違孟子的義利之辨，因而不符合其存心倫理學的立場。

　　據筆者所知，既能在語法上說得通、又符合孟子義利之辨
的解釋似乎只有張栻之說。此說見於其《孟子說》，其文曰：

〔…〕五霸則異乎是：特慕夫仁義之名，有所爲而爲
之，非能誠體之者也。夫假之則非真有矣，而孟子謂
「久假而不歸，惡知其非有」，何哉？此幽闡以示人
之意。蓋五霸，暫假而暫歸者也。〔…〕若使其久假
而不歸，亦豈不美乎？夫假之者，未有不歸者也。使
其假而能久，久之而不歸，則必有非苟然者矣。是必
因其假而有所感發於中，而後能然也。至其不歸，則
孰曰非己有乎？有之者，不係於假，而係於不歸也。
孟子斯言，與人為善，而開其自新之道，所以待天下
與來世者，亦可謂弘裕矣。[39]

在語法方面，張栻一如趙岐，將此句解作「久假不歸，即爲真

---

39 張栻：《孟子說》（臺北：世界書局，1986年，收入《景印摛藻堂四庫
全書薈要》第70冊），卷7，頁29下至30下。

有」；而在義理方面，他卻像朱子一樣，從義利之辨出發，堅持王霸異質論。這種解釋與孟子承認霸者的相對價值與地位正相吻合，且因此賦予政治領域一個相對獨立的地位，而這正是朱子所忽略的。

康德在《論永久和平》中論及政治與道德的關係時，其中一段話與張栻之說頗有異曲同工之妙：

縱然有人仍可能懷疑在一個國家中共同生活的人有某種根植於人性的邪惡，而似有幾分道理地將這些人底心意之違法表現歸因於一種仍不夠進步的文化之缺陷（野蠻），但是在各國彼此的對外關係中，這種邪惡卻完全無所遮掩且無可否認地顯現出來。在每個國家內部，這種邪惡被國家法律底強制所掩蓋，因為有一種更大的力量（即政府底力量）強烈地抵制公民間相互施暴的傾向，且因此不單是使全體染上一層道德的色彩〔…〕，而是由於違法的傾向之發作受到阻撓，對法權的直接敬畏底道德稟賦之發展實際上也變得容易多了。因為如今每個人均自信：只要他能預期其他每個人也都會照樣去做，他就會尊重且恪守法權底概念；而在這個問題上，他由政府得到部分的保證。這樣一來，他便向道德邁進了一大步（儘管還未步入道德底領域），甚至為了這個義務概念本身之故，不計回報地信守之。[40]

---

40 I. Kant: *Zum ewigen Frieden*, a.a.O., S. 375f. Anm.

法律只能規範人的行為，而不涉及其存心；就此而言，它只能保證「合法性」，而不能保證「道德性」。這是顯而易見的道理。但是康德進一步指出：法律狀態可以為人的道德稟賦之發展創造有利的外在條件。因此，他在該書的另一處寫道：「我們不能由道德去指望良好的國家憲法，而不如反過來，由良好的國家憲法才能指望一個民族之良好的道德教化。」[41]

康德在此所談的是一國之內的法治。在國際關係方面，他也有類似的見解。譬如，當他談到各國常假「法權」（Recht）之名而行侵略之實時，說道：

> 我們可在各民族底自由關係中赤裸裸地見到人性之邪惡（然而，在文明的法律狀態中，這種邪惡大大地為政府底強制所掩蓋），因此我們的確會驚訝於以下的事實：「法權」一詞仍無法被視為迂腐而完全摒諸戰爭政策之外，而且仍無任何國家敢公開表示贊同上述的看法。因為儘管雨果・格羅秀斯（Hugo Grotius）、普芬道夫（Pufendorf）、瓦戴爾（Vattel）等人（純屬惱人的安慰者）在哲學方面或外交方面所草擬的法典並不具有——或者甚至無法具有——絲毫**法律**效力（因為各國就其為國家而言，並非處於一種共同的外在強制之下），他們仍始終真誠地被提起，來為一場軍事攻擊**辯護**。但是並無任何這樣的例子：以如此重要的人物底證詞來支持的論據曾促使一個國家撤消其計畫。每個國家對法權底概

---

41 同上註，S. 366。

念所表示的這種敬意（至少在口頭上）的確證明：在人底
內部可發現一種更強大的（雖然目前半昏睡的）道德稟
賦，有朝一日可主宰在他內部的邪惡原則（他無法否認
這點），並且期望他人也如此。[42]

這段話其實是「五霸，假之也。久假而不歸，烏知其非有也？」
一語的最佳註腳，而它正好也是出諸一位政治理想主義者之
口。準此可知，孟子從政治理想主義的觀點將王霸之分視爲本
質上的區分，實無礙於他同時承認現實政治的運作法則。這或
許可以部分解釋孟子之所以不將其王道理想之實現寄望於雖有
政治合法性、但已毫無實力的周王，反而寄望於齊宣王、梁惠
王所代表的新興勢力[43]。

　　孟子提出所謂的「三辨」，即人禽之辨、義利之辨與王霸之
辨。此三辨之間有其一定的邏輯關聯，其中以人禽之辨最爲根
本。人禽之辨是從人之價值意識（特別是道德意識）來回答「人是
什麼？」這個問題。義利之辨則是在人禽之辨的基礎上，進一步
說明道德之本質。最後，孟子將義利之辨延伸到政治領域，而提
出王霸之辨，以說明其政治理想。因此，我們可以將孟子的王霸
之辨理解爲一種基於義利之辨的政治理想主義。然而正如孟子的
存心倫理學並不否認功利原則可作爲衍生的道德原則，其政治理
想主義亦承認政治領域可有其相對的獨立性及特有的運作邏

---

42 同上註，S. 355。

43 孟子不尊周王一事在宋代引起了不少批評，請參閱黃俊傑：《孟學思
　　想史論・卷二》，第4章。

輯。

　　孟子與康德這類的政治理想主義者往往被譏為迂闊、不切實際，以為他們若非對現實政治無知，便是故意忽略政治運作的現實法則。但康德在《論永久和平》的附錄中也論及「政治與道德間的分歧」。他在此討論現實政治家常用的幾種權謀——「做了再找理由」（Fac et excusa）、「如果你做了，就否認」（Si fecisti, nega）、「分而治之」（Divide et impera）[44]——時，彷彿出諸馬基維利之口。可見康德的政治理想主義並非緣於他對現實政治的無知或忽視。孟子對於政治現實的考慮則明顯地見諸他對當時君王的態度。據《孟子‧梁惠王下》第五章所載，孟子面對齊宣王以「寡人有疾，寡人好貨」為不行王政之藉口時，並不直斥其好貨之心，而是舉公劉好貨之事來鼓勵宣王：「王如好貨，與百姓同之，於王何有？」宣王又藉口說：「寡人有疾，寡人好色。」孟子亦不斥責其好色之心，而是舉太王好色之事來鼓勵宣王：「王如好色，與百姓同之，於王何有？」又據《孟子‧梁惠王下》第三章所載，孟子向齊宣王闡明交鄰國之道，宣王不欲行，並且提出「寡人有疾，寡人好勇」之藉口。孟子亦未指摘其好勇之心，而是舉文王一怒而安天下之民為例，勸宣王效之。好貨、好色、好勇都是私欲，但孟子並未直接否定之，反而承認由此轉化為王道的可能性。這種思路與上文所引「久假不歸，即為真有」之說法正相吻合。對於一般百姓，孟子也說過：「民之為道也，有恆產者有恆心，無恆產者無恆心。」（《孟子‧滕文公上》第三章）這無異於承認：政治運作固然不能違背道德原則，但也應有其現

---

44 I. Kant: *Zum ewigen Frieden*, a.a.O., S. 374f.

實的(例如經濟的)基礎。因此，孟子的王道政治其實不如一般人所想像的那樣不切實際。這是我們以「德治」或「道德政治」[45] 來概括孟子的政治思想時不可忽略的一個面向。但可惜的是，在朱子的詮釋中，孟子思想中的這個面向始終未受到應有的注意[46]。日後有關孟子政治思想的一些質疑和爭辯或許正是肇因於此。

---

45 參閱黃俊傑：《儒家傳統與文化創新》(臺北：東大圖書公司，1986年)，頁12-13。

46 據筆者所知，國內學者當中特別注意到孟子哲學中的「歷史性」問題者首推袁保新教授，見其〈天道、心性與歷史——孟子人性論的再詮釋〉，《哲學與文化》，第22卷第11期(1995年11月)，頁1009-1022。 袁教授在此文中強調：要化解孟子人性論中「超越性」與「歷史性」之間可能存在的緊張性，與其以康德的先驗哲學為參考架構，不如以海德格的基本存有論為參考架構，因為後者更適於處理「歷史性」的問題。筆者承認：袁教授的說法不無所見，其詮釋進路亦值得嘗試。不過，筆者在此要特別強調：海德格的基本存有論固然便於說明「歷史性」的問題，但是在另一個更為根本的問題——價值規範的證立問題——上卻可能會付出更大的代價。這是牟宗三先生批評海德格的基本存有論之主要原因；牟先生的批評見其《智的直覺與中國哲學》(臺北：臺灣商務印書館，1971年)，頁346-367。細心的讀者自不難看出：本文採取的正是先驗哲學的詮釋架構，以顯示這套架構亦可正視人的歷史性，甚至發展出一套歷史哲學。當然，我們在不同的哲學架構之間通過轉譯進行詮釋時，詮釋進路之選擇並無絕對的對錯可言，重要的是詮釋者必須對其所選擇的進路之效力和限度有足夠的自覺。

焦循對孟子心性論的詮釋
及其方法論問題

1

治明清思想史的學者大致都同意：中國儒學的發展在明末清初經歷了一種思想方向上的明顯轉折。有的學者甚至借用科學史家孔恩（Thomas Kuhn）的用語，將此一轉折視爲一種「典範」（paradigm）之轉移[1]。至於此一轉折之特色與意義，則各人的理解不盡相同。姜廣輝教授曾將有關的說法概括爲五種：一、反理學思潮；二、早期啓蒙思想；三、經世致用思潮；四、個性

---

1 見張壽安：《以禮代理──凌廷堪與清中葉儒家思想之轉變》（臺北：中央研究院近代史研究所，1994年），頁1；劉述先、鄭宗義：〈從道德形上學到達情遂欲──清初儒學新典範論析〉，收入劉述先、梁元生編：《文化傳統的延續與轉化》（香港：香港中文大學出版社，1999年），頁81。

解放和人文主義思潮；五、實學思潮 [2]。此外，還有第六種說法，即以溝口雄三教授爲代表的「前近代思想」之說 [3]。第一種說法顯然有其片面性，因爲明末清初的儒學家固然強烈批評朱子與王陽明的思想，但正如不少研究者所指出，在前者與後者之間仍存在一定程度的繼承關係。第三種說法雖不算錯，但只道出了此一思想轉折的外在特徵，而未能說明其內在特質。況且這種特徵並非明末清初的儒學所獨有，例如漢代儒學與北宋儒學也同樣強調經世致用。至於「實學思潮」之說，近年來由於大陸學者之提倡，一時甚爲風行 [4]。但是這種說法除了與「經世致用思潮」之說有同樣的問題之外，還更爲泛濫無當。因爲誠如姜教授所言，「實學」一詞只是學術泛稱，而非學術專有名稱或學派名稱 [5]。

至於第二及第四種說法，可以與「前近代思想」之說合併起來考慮，因爲它們均隱然預設了某種關於「近代性」(或譯爲「現代性」)的觀點。大陸學者往往習慣性地從馬克思主義的觀點來理解「近代性」。但問題是：「近代」(modern)這個西方概念該如何界定，即使在西方學術界也有很大的爭議；在哲學

---

2 姜廣輝：〈明清實學研究現況述評〉，《中國文哲研究通訊》，第2卷第4期(1992年12月)，頁10。

3 參閱其《中國前近代思想の屈折と展開》(東京：東京大學出版會，1980年)。

4 關於此說產生的背景，可參閱姜廣輝：〈明清實學研究現況述評〉，頁10-12。

5 同上註，頁12-16；亦參閱姜廣輝：《走出理學》(瀋陽：遼寧教育出版社，1997年)，頁27-53。

領域，爭議尤其大。譬如，大陸學者往往根據馬克思主義的觀點，將「反形上學」視為「近代思想」的特徵之一。但對於抱持其他觀點的學者而言，這點卻可能仍有爭論的餘地。如果我們未經批判，便借用在西方具有爭議性的說法來解釋中國思想史的發展，其結果必然是治絲而棼。

為了避開這類的爭議，筆者擬從另一項觀察出發。事實上，從晚明儒學到乾嘉學術的發展決非單線進行，而是循著相互錯綜的多重線索而進行。但在這多重線索背後有一個共同的傾向，即「超越性」之減殺、甚至否定。在西方，「超越性」(transcendence)一詞是相對於「內在性」(immanence)而言；在耶教傳統中，這兩個概念甚至在邏輯上是互不相容的。但筆者在此借用這個西方概念，只是表示「理想性」、「與現實之間的緊張性」之義，而不視之為與「內在性」一詞在邏輯上不相容[6]。因為對於中國傳統文化而言，完全脫離現實世界或具體性——換言之，僅具有超越性、而不同時多少具有內在性——的道、理、心或性是完全陌生的。這種思想特色也就是當代新儒家學者所盛言的「超越而內在」，它表現為一種對純粹抽象思想的懷疑傾向。因此，即使在最強調理之超越性、因而受到清初儒學家大加撻伐的朱子學中，理、氣關係不僅是「不雜」，亦是「不離」。

相對於朱子學，理在陽明學中無疑更具有內在性，因為根據陽明「心即理」之說，理即內在於心。但在陽明，作為良知

6 關於「超越性」一詞在西方及當代儒學中的涵義，請參閱拙作：〈儒家思想中的內在性與超越性〉，收入拙著《當代儒學之自我轉化》（臺北：中央研究院中國文哲研究所，1994年），頁129-148。

本體的心仍有超越性，這由其「四句教」中的第一句「無善無惡心之體」可見其端倪，因爲無善無惡的心體顯然不屬於現實層面。其弟子王畿（龍溪）提出「四無」說，便是進一步發揮心體之超越義，而此說亦得到陽明本人之首肯。此爲浙中派之發展。另一路爲王艮（心齋）以下的泰州派，此派強調心體在生活日用間的具體流行，亦即以圓融的方式將超越性與內在性打成一片。此二派發展至明末，遂引起以東林黨人爲主的儒者之強烈批評。劉宗周（蕺山）在其〈證學雜解・解二十五〉說：「今天下爭言良知矣，及其弊也，猖狂者參之以情識，而一是皆良；超潔者蕩之以玄虛，而夷良於賊，亦用知者之過也。」[7] 即是分別針對泰州派與浙中派之流弊而發。

明末儒學之轉向可說是肇因於這些流弊之刺激。錢穆先生曾將東林派在學術上針對王學所作的調整歸納爲三點：一、反對「無善無惡」之說；二、強調工夫之外無本體；三、反對「義理之性」與「氣質之性」的區分 [8]。這三項特點均可見於劉蕺山的思想。就第一點而言，劉蕺山修改了王陽明的「四句教」，提出他自己的「四句」：「有善有惡者心之動，好善惡惡者意之靜，知善知惡者是良知，爲善去惡者是物則。」[9] 就第二點而言，劉蕺山的〈中庸首章說〉云：「靜存之外，更無動察；主靜之外，更無窮理。其

---

7 戴璉璋、吳光主編：《劉宗周全集》（臺北：中央研究院中國文哲研究所， 1996年），第2冊，頁325。

8 錢穆：《中國近三百年學術史》，收入《錢賓四先生全集》（臺北：聯經出版公司，1998年），第16冊，頁11-17。

9 戴璉璋、吳光主編：《劉宗周全集》，第2冊，頁459，〈學言上〉。

究也，工夫與本體亦一。」[10] 無怪乎其弟子黃宗羲在《明儒學案‧自序》開宗明義便說：「心無本體，工夫所至，即其本體。」至於第三點，劉蕺山的〈學言中〉有這樣一段文字：「理即氣之理，斷然不在氣先，不在氣外。知此，則知道心即人心之本心，義理之性即氣質之本性。」[11] 又其〈答王右仲州刺〉云：「要而論之，氣質之性即義理之性，義理之性即天命之性；善則俱善。」[12]

然而，以上的文字很容易被誤讀，以為劉蕺山完全否定超越性的思想。由於這種誤解，大陸學者往往將劉蕺山的思想理解為「氣本論」，乃至「唯物論」，而將他與羅欽順、王廷相歸為一類。事實上，劉蕺山的思想不但明確地涵有一個超越的面向，他也不否認超越層與經驗層之區別。以他的「四句」來說，黃敏浩先生便很有說服力地指出：這四句完全是從超越層上立論[13]。筆者也曾根據相關文獻證明：劉蕺山所說的「氣質之性」並非指氣質所構成的性，而是指作為氣質之所以然的理，實即宋儒所說的「義理之性」或「天地之性」。因此，他並不否認理對於氣、氣質之性對於氣質具有某種超越性。他只是否認理可以完全離氣而獨立，並因而否認氣質之性可以完全離氣質而獨立[14]。

---

10 戴璉璋、吳光主編：《劉宗周全集》，第2冊，頁353。

11 同上註，頁483。

12 同上書，第3冊，頁389；標點略有更改。

13 參閱黃敏浩：〈劉宗周「四句」的詮釋〉，《中國文哲研究通訊》，第8卷第3期(1998年9月)，頁105-116。

14 關於劉蕺山思想中的超越面向，參閱拙作：〈劉蕺山論惡之根源〉，收入鍾彩鈞主編：《劉蕺山學術思想論集》(臺北：中央研究院中國文哲研究所，1998年)，頁96-107。

　　以上的分辨至爲重要，因爲它涉及我們如何理解晚明至清
初儒學發展的譜系。筆者認爲：東林諸子對王學的批評基本上
仍屬於王學內部的思想邏輯之發展，這種發展以後經劉蕺山延
續到黃宗羲，乃至王夫之。儘管相較於王陽明及朱子，他們更
加強調形上世界與形下世界的內在聯繫，並因而突出「氣」的
地位，但仍在相當程度內承認形上世界的超越性。王學到了陳
確（乾初），才有本質上的轉向。其〈性解下〉有一段話說道：
「荀、揚語性，已是下愚不移。宋儒又強分個天地之性、氣質
之性，謂氣、情、才皆非本性，皆有不善，另有性善之本體，
在『人生而靜』以上，奚啻西來幻指！」[15] 這是一種自然人性
論，完全否定了人性之超越面向。故陳確雖爲劉蕺山的弟子，
但其思想卻代表另一個方向。它上承羅欽順、王廷相，下啓顏
元、李塨、戴震，構成另一個思想譜系。儘管在這兩個思想譜
系之間有若干表面的類似性，但由於它們在本質上相去甚遠，
我們實有必要將它們加以區別，而不宜籠統地以「實學」、「反
理學」、「啓蒙思想」等說法來概括它們。區分了這兩個思想
譜系之後，我們才能爲焦循的《孟子正義》在思想史上定位。

2

　　焦循的《孟子正義》是他一生中最後的著作。當他於嘉慶
25年（西元1820年）病逝之時，此書已大體撰成，但尚未完成最

---

15 《陳確集》（北京：中華書局，1979年），下冊，頁451；標點略有更改。

後的抄錄工作。五年之後（道光5年），此書始正式刊行[16]。此書以漢代趙岐的《孟子章句》為基礎，加以疏解，並博採清人六十八家之著作，可說是總結了乾嘉漢學在孟子學研究方面的成果[17]。

　　《孟子正義》一書之出現有其相應的時代背景。《孟子》書本來已有託名孫奭者的《孟子疏》與朱子的《孟子集注》。自朱子斷言《孟子疏》乃「邵武士人假作」[18]，後人多從其說。焦循亦接受此說。但更糟的是，此疏缺失極多。焦循在其《孟子正義》中引趙佑《溫故錄》之說批評此疏云：

> 疏中背經、背注極多，非復孔、賈之遺；甚至不顧注文，竟自憑臆立說，與其《音義》又時相矛盾，豈有一人之作而忽彼忽此者？孫氏用心詳慎，《音義》可採者十五六，而疏不能十二。至其體例之踳駁，徵引之陋略乖舛，文義之冗蔓俚鄙，隨舉比比。[19]

故焦循自然不會滿意此疏。再說朱子的《孟子集注》。自元仁宗於延祐年間詔定以朱子的《四書集注》取士以來，朱子學取得了

---

16 關於《孟子正義》的成書經過，請參閱林慶彰：〈焦循《孟子正義》及其在孟子學之地位〉，收入黃俊傑編：《孟子思想的歷史發展》（臺北：中央研究院中國文哲研究所，1995年），頁219-222。

17 參閱趙航：《揚州學派新論》（南京：江蘇文藝出版社，1991年），頁64。

18 《朱子語類》（臺北：文津出版社，1986年，據北京中華書局1986年版翻印），第2冊，卷19，頁443。

19 焦循：《孟子正義》（臺北：文津出版社，1988年，據北京中華書局1987年版翻印），下冊，卷30，頁1050。

官學的地位。至清康熙年間，朱子的地位更達到極點。聖祖極力
提倡朱子學，除了以朱子配享孔廟之外，還諭敕李光地編纂《朱
子全書》與《性理精義》。聖祖之提倡朱子學，顯然兼有籠絡士
子與思想統制之用意。這套政策也爲世宗、高宗所繼承。這不免
會引起知識分子的反感。戴震撰《孟子字義疏證》，批評宋儒「以
理殺人」，其矛頭所指向的真正對象其實是清初意識形態化的朱
子學[20]。加以上述的思想轉折，學術典範已由「漢學」取代了「宋
學」[21]，朱子的《孟子集注》自然不再能滿足時代之需要。

　　焦循之編撰《孟子正義》，與戴震之影響有關。焦循在〈寄
朱休承學士書〉中道出其中的原委：

> 循讀東原戴氏之書，最心服其《孟子字義疏證》。説者
> 分別漢學、宋學，以義理歸之宋。宋之義理誠詳於漢，然
> 訓故明，乃能識義、文、周、孔之義理。宋之義理仍當以孔
> 之義理衡之，未容以宋之義理，即定爲孔子之義理也。[22]

由這段文字可知，戴震的《孟子字義疏證》在兩方面對焦循之編
撰《孟子正義》有所啓發：第一、戴震提出了「通過訓詁以闡明

---

20 關於清初官方朱子學的虛偽性，請參閱朱維錚：〈「眞理學」、「清
　　官」與康熙〉，收入其《走出中世紀》（上海：上海人民出版社，1987
　　年），頁69-76。

21 焦循本人並不喜「漢學」之名，以爲此名不妥（其理由見下文第六節）。
　　這點筆者頗有同感。但從清初至乾、嘉年間，的確存在兩個互相對立
　　的學術方向，而在今日的學術界尚未形成更妥當的替代名稱之前，筆
　　者也只能從俗，依然使用「漢學」、「宋學」之名來指稱這兩個學術
　　方向。

22 焦循：《雕菰集》（臺北：鼎文書局，1977年），卷13，頁203。

義理」的治學方法，成爲乾嘉漢學的特色；第二、戴震相信：透過這種方法，才能真正掌握孔子的思想，而宋儒的義理之學並不能代表孔子的思想。就這兩方面而言，戴震可說是乾嘉漢學之開創者，而《孟子字義疏證》在兩方面都具有典範意義。戴震在〈與是仲明論學書〉中談到他自己體悟出來的治學方法：「經之至者道也，所以明道者其詞也，所以成詞者字也。由字以通其詞，由詞以通其道，必有漸。」[23] 其〈題惠定宇先生授經圖〉亦云：「訓故明則古經明，古經明則賢人聖人之理義明，而我心之所同然者乃因之而明。」[24] 這正是上文焦循所謂「訓故明，乃能識羲、文、周、孔之義理」，而爲乾嘉漢學家共同奉爲圭臬。例如，錢大昕〈左氏傳古注輯存序〉亦云：

> 夫窮經者必通訓詁，訓詁明而後知義理之趣。後儒不知訓詁，欲以鄉壁虛造之說求義理所在，夫是以支離而失其宗。漢之經師，其訓詁皆有家法，以其去聖人未遠。魏、晉而降，儒生好異求新，注解日多，而經益晦。[25]

黃俊傑先生將這種方法稱爲「以訓詁學方法解決詮釋學問題」的方法 [26]。繼戴震之後，在乾嘉學者當中，最能運用這種方法

---

23 戴震：〈東原文集〉，卷9，引自張岱年主編：《戴震全書》（合肥：黃山書社，1995年），第6冊，頁370。
24 戴震：〈戴氏雜錄〉，引自張岱年主編：《戴震全書》，第6冊，頁505。
25 錢大昕：《潛研堂文集》（臺北：臺灣商務印書館，1978年，《四部叢刊》正編第89冊，卷24，頁7。
26 參閱黃俊傑：《孟學思想史論·卷二》（臺北：中央研究院中國文哲研究所，1997年），頁360-371。

以建立自己的義理系統者，首推焦循。

再者，在焦循的《孟子正義》中，戴震的影響不但見諸方法上，也見諸實質觀點上。尤其在注釋與心性論有關的章節時，焦循更是大量徵引《孟子字義疏證》中的文字。總計在《孟子正義》一書中，徵引《孟子字義疏證》達十八次之多 [27]，而且往往是整段整節引用，可見焦循此書受到戴震影響之大！

3

焦循同戴震一樣，也贊同孟子的性善說。但他們都反對像宋儒那樣，從超越的層面來理解性善之義。他們不承認有宋儒所謂的「義理之性」，自然也不贊同其「義理之性」與「氣質之性」的區分。他們所代表的是一種自然人性觀，也就是「氣性」的傳統 [28]。在孟子的時代，告子代表這個傳統，其觀點即由「生之謂性」與「食色，性也」二語（《孟子・告子上》第三、四章）來表示。故焦循在詮釋這兩句話時，明白地表示贊同之意。他在詮釋「生之謂性」時分別徵引《荀子・正名篇》：「生之所以然者，

---

27 以文津本的頁數為準，這十八處分別為：卷7頁234-235 / 卷11頁386-387 / 卷15頁503-505 / 卷15頁508-509 / 卷16頁559 / 卷20頁673-674 / 卷22頁739-741 / 卷22頁750-752 / 卷22頁754-755 / 卷22頁757-758 / 卷22頁760-761 / 卷22頁767-773 / 卷26頁883 / 卷27頁918-919 / 卷27頁938-939 / 卷27頁943-944 / 卷28頁991-992 / 卷29頁1010-1011。另外有兩處出自《原善》、卻誤記為出自《孟子字義疏證》，即卷22頁765-767及卷23頁795。

28 關於「氣性」傳統，可參閱牟宗三：《才性與玄理》（臺北：臺灣學生書局，1974年），頁1-42。

謂之性。」《春秋繁露・深察名號篇》：「如其生之自然之資，謂之性。」《白虎通・性情篇》：「性者，生也。」《論衡・初稟篇》：「性，生而然者也。」《說文・心部》：「性，人之陽气，性善者也。」[29] 這些都屬於「氣性」傳統。接著他說：「告子但言『生之謂性』，未見其非。」[30] 可見焦循並不反對此一定義。他也引用戴震對「性」字所下的定義：「性者，分於陰陽五行以爲血氣、心知，品物區以別焉。」[31] 他更引述程瑤田《通藝錄・論學小記》之言，以反駁宋儒「義理之性」之說：

> 有質有形有氣，斯有是性，是性從其質其形其氣而有者。〔…〕後世惑於釋氏之說，遂欲超乎質形氣以言性，而不知惟質形氣之成於人者，始無不善之性也。然則人之生也，有五官百骸之形以成人，有清濁、厚薄之氣質，不能不與物異者，以成人品之高下，即有仁義禮智之德，具於質形氣之中以成性。性一而已，有善而已矣。如必分言之，則具於質形氣者為有善有惡之性，超乎質形氣者為至善之性。夫人之生也，烏得有二性哉？氣質之性，古未有是名，必區而別之曰此氣質之性也，蓋無解於氣質之有善惡，恐其有累於性善之旨，因別之曰有氣質之性，有理義之性也。雖然，安得謂氣質中有一性，氣質外復有一性哉？且無氣質則無人，無人則無心；性

29 《孟子正義》，下冊，卷22，頁737。
30 同上註，頁738。
31 同上註，頁738。戴震的定義見於其《孟子字義疏證》，卷中，引自張岱年主編：《戴震全書》，第6冊，頁179。

具於心，無心安得有性之善？[32]

可見焦循亦認爲：性內在於形、質、氣的自然層面，而孟子性善之義亦只能就此一層面而立言，斷無超乎此一層面之上的「義理之性」。

由此一「以氣爲性」的基本立場出發，焦循進一步規定「性」的內涵。他詮釋告子的「食色，性也」一語時說：「飲食男女，人之大欲存焉。欲在是，性即在是。人之性如是，物之性亦如是。」[33]這可以說是「以欲爲性」。具體而言之，「欲」即好惡之情。趙岐注《孟子・告子上》第七章「理義之悅我心，猶芻豢之悅我口」之語云：「人稟性俱有好憎，耳目口心，所悅者同〔…〕」焦循則解釋道：「孟子以悅心悅口言性，悅即是好。趙氏兼言好惡，好惡，情也。」並且引述凌廷堪〈好惡說〉之言，以爲佐證：

> 人之性受於天，目能視則爲色，耳能聽則爲聲，口能食則爲味，而好惡實基於此。《大學》言「好惡」，《中庸》申之以「喜怒哀樂」，蓋好極則生喜，又極則爲樂；惡極則生怒，又極則爲哀；過則佚於情，反則失其性矣。性者，好惡二端而已。[34]

---

32 《孟子正義》，下冊，卷22，頁741-742；標點略有更改。程氏之說其見《通藝錄・論學小記》，頁34-35，收入《安徽叢書》（臺北：藝文印書館，1971年，據清嘉慶八年本影印，《叢書集成三編》之20），第3函。

33 《孟子正義》，下冊，卷22，頁743。

34 同上註，頁774。凌氏之說見其《校禮堂文集》（北京：中華書局，1998年），卷16，頁140。

其實，孟子說：「理義之悅我心，猶芻豢之悅我口」，《大學》
以「如惡惡臭，如好好色」來形容「誠意」，都是一種類比。
「如」字、「猶」字即表示類比之意。畢竟「理義悅我心」之
「悅」與「芻豢悅我口」之「悅」並非一回事，而「惡惡臭，
好好色」也不等於「誠意」。因為「芻豢悅我口」與「惡惡臭，
好好色」是感性上的愛好，而「理義悅我心」與「誠意」卻是
一種具有道德內涵的意向。即使像劉蕺山那樣極力強調理氣合
一，也知道「意之好惡，與起念之好惡不同」[35]，從而保存意之
「超越性」。因此，劉述先先生說劉蕺山的思想「指向一內在
一元論之極端型態」[36]，是很容易引起誤解的說法，因為嚴格而
言，唯有像戴震、焦循那種完全否定超越性的心性論才足以當
「內在一元論」之名。在這種「內在一元論」的前提下，「悅」
與「好惡」的雙重意涵自然不會進入焦循的視野中。

　　從這種「內在一元論」出發，焦循雖不反對伊川、朱子「性
即理」之說，但卻完全剝落「理」字的超越義。在《孟子‧告
子上》第六章的注疏中，焦循寫道：

　　　　《禮記‧樂記》云：「好惡無節於內，知誘於外，不
　　　　能反躬，天理滅矣。」注云：「理，猶性也。」以性
　　　　為理，自鄭氏已言之，非起於宋儒也。理之言分也。
　　　　《大戴記‧本命篇》云：「分於道之謂命。」性由於
　　　　命，即分於道。性之猶理，亦猶其分也。惟其分，故

---

35 戴璉璋、吳光主編：《劉宗周全集》，第2冊，頁485，〈學言中〉。
36 劉述先：《黃宗羲心學的定位》（臺北：允晨文化公司，1986年），頁
　　29。

有不同；亦惟其分，故性即指氣質而言。性不妨歸諸
理，而理則非真宰真空耳。[37]

從其「以欲為性、以情為性」的觀點來看，「性」無疑是就氣
質而言；而在此脈絡之下，「性即理」之「理」自然不是超越
於氣質之上的理。這種超越之理在焦循看來，是無實質意義的
「真宰真空」。這其實是呼應戴震對於程、朱之學的抨擊：「蓋
程子、朱子之學，借階於老、莊、釋氏，故僅以『理』之一字
易其所謂『真宰真空』者，而餘無所易。」[38]

焦循還引述〈樂記〉的另一段文字，來佐證其「以欲為性、
以情為性」的觀點。這見於他對於《孟子・告子上》第三章的解釋：

《禮記・樂記》云：「人生而靜，天之性也。感於物而
動，性之欲也。物至知知，然後好惡形焉。」人欲即人
情，與世相通，全是此情。「己所不欲，勿施於人」，
「己欲立而立人，己欲達而達人」，正以所欲所不欲為
仁恕之本。「人生而靜」，首出「人」字，明其異乎禽
獸。靜者，未感於物也。性已賦之，是天賦之也。感於
物而有好惡，此欲也，即出於性。欲即好惡也。「物至
知知」二句，申上感物而為欲也。知知者，人能知而又
知，禽獸知聲不能知音，一知不能又知。故非不知色，
不知好妍而惡醜也；非不知食，不知好精而惡疏也；非

<hr>

37 《孟子正義》，下冊，卷22，頁752。
38 戴震：《孟子字義疏證》，卷上，〈理〉，第15條，引自張岱年主編：
《戴震全書》，第6冊，頁172；標點略有更改。

> 不知臭，不知好香而惡腐也；非不知聲，不知好清而惡
> 濁也。惟人知知，故人之欲異於禽獸之欲，即人之性異
> 於禽獸之性。趙氏以欲明性，深能知性者矣。[39]

故依焦循對於〈樂記〉這段話的解釋，人性之本質即在於欲，在
於好惡之情。就此而言，人之性與禽獸之性無異。但孟子又有人
禽之辨，而且從「人之所以異於禽獸者」來說「性善」。焦循不
但贊同人禽之辨，也肯定「性善」之說。他藉「物至知知」中的
「知知」一詞來說明「人之所以異於禽獸者」，以及「性善」之
義。「物」是指「欲」的對象。人與禽獸在「欲」中對其所欲之對
象皆有所「知」，在此人與禽獸無異；人之所以異於禽獸者在於：
人還可以進一步反省此「知」。他所謂「知而又知」，用現代哲
學的用語來說，即是「反省之知」（reflexive knowing）。他認為：
在這種「反省之知」之中即寓有價值判斷（即色之妍醜、食之精
疏、臭之香腐、聲之清濁），此即「性善」之徵。但焦循在此並
未提到道德判斷，而孟子提出性善之說，主要是從人的道德意識
立論。因此，焦循此處的詮釋並未真正把握到孟子「性善說」之
要旨。不但如此，他對〈樂記〉這段文字的詮釋也有過度引申之
嫌。因為「知知」一詞之義當如王夫之所云：「知知謂靈明之覺
因而知之也。」[40] 第一個「知」是名詞，指靈明之覺；第二個「知」
是動詞，指靈明之覺的認知活動。故「物至知知」這句話的意思

---

39 《孟子正義》，下冊，卷22，頁738-739。
40 王夫之：《禮記章句》，收入《船山全書》，第4冊（長沙：嶽麓書社，
　　1991年）卷19，頁897。

很簡單，它只是說：當認知對象(物)來到我們的眼前時，我們的認知心便會產生認知活動。焦循將「知知」解作「知而又知」，即是將兩個「知」字都看成動詞，不但不合文法，也不合文義。

焦循「以欲爲性、以情爲性」的觀點是他繼承「氣性」傳統的必然結果，另一結果便是否定「性」之超越性。但在《孟子》書中的若干章節經常爲後世儒者所引述，藉以證明「性」之超越性。對於這些章節，焦循均設法透過詮釋來消除「性」字之超越義。這類章節之一是〈告子上〉第十五章。在此章中，孟子以「心之官」爲「大體」，以「耳目之官」爲「小體」。他說：

> 耳目之官不思，而蔽於物；物交物，則引之而已矣。心之官則思，思則得之，不思則不得也。此天之所與我者。先立乎其大者，則其小者弗能奪也。此爲大人而已矣。

在這段文字中，孟子承認「心之官」對於「耳目之官」具有自主性，亦即承認前者對於後者有某種超越性。孟子道性善，無疑是就「心之官」而言，而非就「耳目之官」而言，這自然與焦循「以欲爲性、以情爲性」的觀點相牴牾。趙岐注曰：「比方天所與人情性，先立乎其大者，謂生而有善性也。小者，情慾也。善勝惡，則惡不能奪。」這是襲用漢人「性善情惡」的觀點 [41] 來詮釋「心之官」與「耳目之官」，顯然與「以欲爲性、以情爲性」的觀點不相吻合。然而，焦循卻略過這點，而說：

---

41 「性善情惡」之說爲漢儒所普遍接受。關於此點，請參閱傅斯年：《性命古訓辨證》，下卷，見《傅斯年全集》(臺北：聯經出版公司，1980年)，第2冊，頁377-387。

> 趙氏以性情言之，蓋小固屬耳目，大亦不離耳目。以
> 心治耳目，則能全其善性，即為養其大體。以耳目奪
> 心，則蔽於情慾，即為養其小體。趙氏恐人捨耳目之
> 聽視，而空守其心思，故不以心與耳目分大小，而以
> 善性、情慾分大小。此趙氏深知孟子之恉，有以發明
> 之也。「善勝惡」即解「立」字，非謂天以善性與人
> 即是立，不待操存，自能使小者不奪也。[42]

無論是《孟子》原文，還是趙注，所強調的都是心對於耳目的
超越性，絲毫看不出「心不離耳目」之涵義。再者，趙岐根據
漢人「性善情惡」的觀點，以善性為大體，以情慾為小體，筆
者也實在看不出其中有「恐人捨耳目之聽視，而空守其心思」
之涵義。這些涵義都是焦循強加進去的，以吻合其「以欲為性、
以情為性」的觀點。

4

　　在《孟子正義》中，焦循對於孟子性善說的詮釋分散於各
章的注文中。他另外撰有〈性善解〉五篇，對性善說作了較有
系統的詮釋。故我們不妨以此為主要依據，來看看他如何理解
性善說。其〈性善解一〉云：

> 性善之說，儒者每以精深言之，非也。性無他，食色

---

42 《孟子正義》，下冊，卷23，頁794-795。

而已。飲食男女，人與物同之。當其先民，知有母，
不知有父，則男女無別也；茹毛飲血，不知火化，則
飲食無節也。有聖人出，示之以嫁娶之禮，而民知有
人倫矣；示之以耕耨之法，而民知自食其力矣。以此
示禽獸，禽獸不知也。禽獸不知，則禽獸之性不能善；
人知之，則人之性善矣。以飲食男女言性，而人性善，
不待煩言自解也。禽獸之性不能善，亦不能惡。人之
性可引而善，亦可引而惡；惟其可引，故性善也。牛
之性可以敵虎，而不可使咥人，所知所能，不可移也。
惟人能移，則可以為善矣。是故惟習相遠，乃知其性
相近；若禽獸，則習不能相遠也。[43]

從這段文字可知，焦循同意告子「生之謂性」與「食色性也」的
觀點，並且僅從這個層面來詮釋「性善」之義。至於人之所以異
於禽獸者，焦循在此以「知」字來說明。如果我們不以辭害義，
當可說：此處所說的「知」即是上文所提到的「知知」，即反省
之知。由於這種「知」，人性不像禽獸之性那樣，完全為食色之
欲所決定，故不僅可以引而為善，亦可以引而為惡；借用康德的
用語來說，人擁有「實踐的自由」（praktische Freiheit）[44]。焦循即
就此理解「性善」之義。但根據《孟子・告子上》第六章所載公
都子的轉述，告子主張「性無善無不善」之說，而焦循在此所主

---

43 焦循：《雕菰集》，卷9，頁127。
44 關於此詞確切涵義，參閱Immanuel Kant: *Kritik der reinen Vernunft*, hg.
  von Raymund Schmidt (Hamburg: Felix Meiner 1976), A533f./B561f.,
  A801f./B829f.。（A＝1781年第一版，B＝1787年第二版）

張的顯然是「性可以爲善，可以爲不善」之說。從「氣性」的觀點來說，這兩種說法是可以相通的，因爲說氣性本身是中性的（無善無不善），並無礙於同時承認它可以爲善，亦可以爲不善。不過，孟子顯然並不贊同這兩種說法。因此，焦循就「人之性可引而善，亦可引而惡」來說「性善」，並不合孟子的本意。

此外，這段文字中「有聖人出，示之以⋯」之語還隱含一個重要的想法，即是：人之「知」需要聖人之啓發。此一想法明白地見諸〈性善解二〉：

> 聖人何以知人之性皆善？以己之性推之也。己之性既能覺於善，則人之性亦能覺於善，第無有開之者耳。使己之性不善，則不能覺；己能覺，則己之性善。己與人同此性，則人之性亦善，故知人性之善也。人之性不能自覺，必待先覺者覺之。是故非性無以施其教，非教無以復其性。[45]

焦循說：聖人可由己之性善推知人之性善，這符合孟子的平等主義人性觀，因爲孟子也肯定「堯、舜與人同耳」（〈離婁下〉第卅二章），「聖人與我同類者」（〈告子上〉第七章），以及「人皆可以爲堯、舜」（〈告子下〉第二章）。但焦循又說：「人之性不能自覺，必待先覺者覺之。」他似乎沒想到這種精英主義的觀點與上述的看法相矛盾，亦有違孟子的本意。因爲如果常人之性不能自覺，惟有聖人之性才能自覺，我們就不能說：常人之性與聖人之性相同。再者，孟子肯定心之自主性，例如他

---

45 焦循：《雕菰集》，卷9，頁127。

論四端之心說：「仁義禮智，非由外鑠我也，我固有之也，弗思耳矣。故曰：求則得之，舍則失之。」（〈告子上〉第六章）如果常人之性必待聖人而後能覺，焉能說「求則得之，舍則失之」？同樣的意思也見諸〈告子上〉第十五章所載孟子之言：「心之官則思，思則得之，不思則不得也。」這些話顯然都不是僅就聖人而說。我們在下文將會見到：焦循一再強調這種精英主義的觀點，甚至不惜曲解《孟子》的文義。

上文提到：焦循以「知」來說明人之所以異於禽獸者。在〈性善解三〉，他對於這種「知」又有進一步的說明。其文如下：

> 性何以善？能知故善。同此男女飲食，嫁娶以為夫婦，人知之，鳥獸不知之；耕鑿以濟飢渴，人知之，鳥獸不知之。鳥獸既不能自知，人又不能使之知，此鳥獸之性所以不善。人縱昏淫無恥，而己之妻不可為人之妻，固心知之也；縱貪饕殘暴，而人之食不可為己之食，固心知之也，是性善也。故孔子論性，以不移者屬之上智下愚。愚則仍有知，鳥獸直無知，非徒愚而已矣。世有伏羲，不能使鳥獸知有夫婦之別；雖有神農、燧人，不能使鳥獸知有耕稼、火化之利。人之不善者，不能孝其父，亦必知子之當孝乎己；不能敬其長，亦必知卑賤之當敬乎己。知子之當孝乎己，知卑賤之當敬乎己，則知孝弟矣。鳥獸不知孝其父，亦不知其子之當孝乎己；不知敬其長，亦不知卑賤之當敬乎己。文學技藝、才巧勇力，有一人能之，不能人人能之；惟男女飲食，則人人同此心。故論性善，徒持高妙之說，則不可定。第於男女飲

食驗之，性善乃無疑耳。[46]

在這段文字中，焦循特別指出：人的才能各有高下之不同，惟有在飲食男女方面，是人同此心。這是從平等主義的觀點來證成其「以欲爲性」之說。這種平等主義甚至延伸到他對於「知」的解釋。相對於上文所引「人之性不能自覺，必待先覺者覺之」的說法，他現在則強調：「人縱昏淫無恥，而己之妻不可爲人之妻，固心知之也；縱貪饕殘暴，而人之食不可爲己之食，固心知之也〔…〕人之不善者，不能孝其父，亦必知子之當孝乎己；不能敬其長，亦必知卑賤之當敬乎己。」一則曰「固心知之」，再則曰「必知」，顯然不待聖人之教。這樣理解的「知」係以孔子所說的「恕」道（「己所不欲，勿施於人」），或是《大學》所說的「絜矩之道」，即西方人所說的「金律」（golden rule）爲內容。焦循別出心裁地以這種「知」來詮釋《大學》的「格物致知」。其〈格物解一〉云：「格物者何？絜矩也。格之言來也。物者，對乎己之稱也。《易》傳云：『遂知來物。』物何以來？以知來也。來何以知？神也。何爲神？寂然不動，感而遂通也。何爲通？反乎己以求之也。」[47] 又其〈格物解三〉云：「『感於物而動，性之欲也。』故格物不外乎欲己與人同此性，即同此欲。舍欲則不可以感通乎人。」[48] 他將「來」字解作「招徠」之意，故「格物致知」即意謂以絜矩之道感通於人，而感通所憑藉的正是「欲」。

---

46 同上註，頁127-128。

47 同上註，頁131。

48 同上註，頁132。

「感通」的概念出自《易經‧繫辭傳》。焦循有「易學三書」(《易通釋》、《易圖略》、《易章句》)之作,故不時引《易》傳之說來詮釋《孟子》的文句,而爲其《孟子》注疏之特色。他以「感通」之說來詮釋「性善」之義,還見於他對《孟子‧告子上》第一章的解釋:

> 蓋人性所以有仁義者,正以其能變通,異乎物之性也。以己之心,通乎人之心,則仁也。知其不宜,變而之乎宜,則義也。仁義由於能變通。人能變通,故性善;物不能變通,故性不善。豈可以草木之性比人之性?[49]

焦循在此以「通」解釋「仁」,以「變」解釋「義」。「通」、「變」的概念亦出自《易經‧繫辭傳》。類似的說法還見於〈性善解四〉,其文曰:

> 性善之可驗者有三:乍見孺子將入於井,必有怵惕惻隱之心,一也。臨之以鬼神,振之以雷霆,未有不悔而禱者,二也。利害之際,爭訟喧囂,無不自引於禮義,無不自飾以忠孝友悌,三也。善之言靈也,性善猶言性靈。惟靈則能通,通則變;能變,故習相遠。[50]

在這段文字中,焦循除了再度借「通」、「變」二詞來說明性善之義外,還舉出三個例子來證明人性之善。第一個例子出自《孟子‧公孫丑上》第六章,另外兩個例子則是焦循自己提出

---

49 《孟子正義》,下冊,卷22,頁734;標點略有更改。
50 焦循:《雕菰集》,卷9,頁128。

來的。第二個例子顯示人對於冥冥在上者有一種敬畏之心，這是一種模糊的道德意識。第三個例子則從人會尋求道德藉口之事實證明他具有道德意識。孟子本人想必也會同意這兩個例子，因爲他正是根據人具有道德意識之事實來肯定人性之善。

最後，我們再看其〈性善解五〉。其文如下：

> 孟子曰：「口之於味，有同者也，易牙先得我口之所者者也。如使口之於味也，其性與人殊，若犬馬之與我不同類也，則天下何者皆從易牙之於味也？」此於口味指出「性」字，可知性即在飲食。曰「其性與人殊」，可知人性不同於鳥獸。同一飲食，而人能者味，鳥獸不知者味；推之，同一男女，人能好色，鳥獸不知好色。惟人心最靈，乃知者味好色；知者味好色，即能知孝弟忠信、禮義廉恥。故禮義之悅心，猶芻豢之悅口。悅心、悅口，皆性之善。《淮南・泰族訓》云：「民有好色之性，故有大昏之禮；民有飲食之性，故有大饗之誼；有喜樂之性，故有鐘鼓笙弦之音；有悲哀之性，故有衰経哭踊之節。先王之制法，因民之所好，而為之節文者也…皆人之所有於性，而聖人之所匠成也。故無其性，不可教訓；有其性，無其養，不能遵道。」〈修務訓〉云：「陰陽之所生，血氣之精，喜而合，怒而鬥，見利而就，辟害而去，其情一也。…然爪牙雖利，筋骨雖強，不免制於人者，知不能相通，才力不能相一也。」此蓋孔門七十子之遺言。

故善言性者，孟子之後，惟淮南子。[51]

焦循在此除了引述《淮南子》來支持己說之外，其論點並未超出前四篇所言。他仍是強調「性即在飲食」，仍是將「理義之悅我心」與「芻豢之悅我口」歸諸同一層面。故對他而言，宋儒「天地之性」（義理之性）與「氣質之性」的區別是無意義的。再者，他認為：人之知耆味好色，與知孝弟忠信、禮義廉恥，均是人心之靈的表現，這兩種「知」並無本質上的區別；換言之，宋儒「聞見之知」與「德性之知」的區別對他也是無意義的。

5

如上文第二節所言，焦循認為：宋儒之義理並非孔子之義理，並且強調：「訓故明，乃能識羲、文、周、孔之義理。」在闡述過焦循對孟子性善說的詮釋後，如今我們可進一步檢討：透過其訓詁學方法，焦循是否真能把握孟子性善說的要義？

我們的檢討可以從他引《易》傳以詮釋《孟子》的特殊進路開始。上文提過：焦循引〈繫辭傳〉的「通」、「變」之說來詮釋孟子的性善說。此外，他在注釋《孟子・告子上》第六章「乃若其情，則可以為善矣，乃所謂善也。若夫為不善，非才之罪也」之句時，更引用《易經・乾卦・文言》的「旁通」之說：

孟子「性善」之說，全本於孔子之贊《易》。伏羲畫卦，觀象以通神明之德，以類萬物之情，俾天下萬世，

---

51 同上註，頁128-129。

無論上智下愚，人人知有君臣、父子、夫婦，此「性
善」之指也。孔子贊之則云：「利貞者，性情也。…
六爻發揮，旁通情也。」禽獸之情，不能旁通，即不
能利貞，故不可以為善。情不可以為善，此性所以不
善。人之情則能旁通，即能利貞，故可以為善；情可
以為善，此性所以善。禽獸之情何以不可為善？以其
無神明之德也。人之情何以可以為善？以其有神明之
德也。神明之德在性，則情可旁通；情可旁通，則情
可以為善。於情之可以為善，知其性之神明。性之神
明，性之善也。孟子於此，明揭「性善」之指在其情，
則可以為善，此融會乎伏羲、神農、黃帝、堯、舜、
文王、周公、孔子之言，而得其要者也。〔…〕孔子
以旁通言情，以利貞言性。情利者，變而通之也。以
己之情，通乎人之情；以己之欲，通乎人之欲。己欲
立而立人，己欲達而達人。己所不欲，勿施於人。因
己之好貨，而使居者有積倉，行者有裹糧；因己之好
色，而使內無怨女，外無曠夫。如是則情通，情通則
情之陰已受治於性之陽，是性之神明有以運旋乎情
欲，而使之善，此情之可以為善也。故以情之可以為
善，而決其性之神明也。乃性之神明，能運旋其情欲，
使之可以為善者，才也。[52]

在這段注釋中，焦循以〈乾·文言〉「利貞者，性情也〔…〕

---

[52] 《孟子正義》，下冊，卷22，頁755-756；標點略有更改。

六爻發揮，旁通情也」之「情」來解釋《孟子》「乃若其情」
之「情」。他將這兩處的「情」字都當作獨立的概念，與「性」
字相對言，甚至以陰、陽配情、性，顯然是受到漢儒的影響 53。
然究其實，無論在《孟子》還是《易》傳中，「情」字都不代
表一個獨立的概念。關於「乃若其情」一語，當代學者已有不
少討論，其中最詳細而可信的當是信廣來教授的解釋 54。綜而
言之，歷來對此處的「情」字有三種解釋：一是將此字解作「情
感」之「情」，即當作一個獨立的概念；二是將此字解作「情
實」之「情」；三是將此字視爲可與「性」字互換的同義詞。
根據信教授的考察，後二說在《孟子》書及先秦古籍中都可找
到依據，而且在意義的解釋上不會相牴牾。戴震在其《孟子字
義疏證》中就採取第二說 55，而焦循在《孟子正義》的注文中
也引述了戴震之說。但奇怪的是，焦循依然將此處的「情」字
當作一個獨立的概念，即解作「情欲」之「情」。

　　信教授關於《孟子》書中「情」字字義的推斷，也同樣適用
於《易》傳，因爲在《易》傳中出現的「情」字都可解作「情實」

---

53 董仲舒《春秋繁露・深察名號篇》云：「身之有性情也，若天之有陰
　　陽也。言人之質而無其情，猶言天之陽而無其陰也。」《白虎通・性
　　情篇》云：「性者陽之施，情者陰之化也。」許慎《說文解字・心部》
　　云：「情，人之陰气，有欲者。〔…〕性，人之陽气。性，善者也。」
　　可見「性屬陽，情屬陰」之說在漢代頗為流行。
54 信教授的解釋見其〈《孟子・告子上》第六章疏解〉，收入李明輝編：
　　《孟子思想的哲學探討》（臺北：中央研究院中國文哲研究所，1995
　　年），頁98-104；亦參閱 Kwong-loi Shun: *Mencius and Early Chinese
　　Thought* (Stanford: Stanford University Press 1997), pp. 213-216。
55 戴震：《孟子字義疏證》，卷下，〈才〉，第2條，引自張岱年主編：
　　《戴震全書》，第6冊，頁197。

之「情」，或解作「性」字的同義詞。在《易》傳中，除了「利
貞者，性情也。〔…〕六爻發揮，旁通情也」這兩句話之外，「情」
字共出現十二處，其中顯然可解作「情實」之「情」的有十一處：
「天地萬物之情可見矣」（〈咸・彖〉；〈恆・彖〉；〈萃・彖〉）、
「正大而天地之情可見矣」（〈大壯・彖〉）、「是故知鬼神之情
狀」（〈繫辭上〉第四章）、「設卦以盡情偽」（〈繫辭上〉第十
二章）、「以類萬物之情」（〈繫辭下〉第二章）、「吉凶以情遷」
（〈繫辭下〉第九章）、「爻象以情言」（〈繫辭下〉第九章）、「情
偽相感而利害生」（〈繫辭下〉第九章）、「凡易之情」（〈繫辭
下〉第九章）。唯有「聖人之情見乎辭」（〈繫辭下〉第一章）一
語中的「情」字有可能作「情感」解。但此「情」既相對於「辭」
（表現）而言，故仍有「真實」之義。無論如何，「情」字在此並
不足以作爲一個獨立的概念。在這種情況下，我們實無理由將「利
貞者，性情也。〔…〕六爻發揮，旁通情也」這兩句話中的「情」
字當作一個獨立的概念來理解。孔穎達《周易正義》將「六爻發
揮，旁通情也」這句話解作「六爻發越揮散，旁通萬物之情也」，
即是將「情」字解作「情狀」之義，應是確解。至於「利貞者，
性情也」，「性情」二字連用在《易》傳中僅此一處。從《易》
傳的用詞及此處的上下文來推斷，此處的「性情」二字應是個複
合詞，而非意謂「性」與「情」，亦非如王弼注所言，意謂「性
其情」，以「性」爲動詞，並將「情」當作獨立的概念。信教授
在上述的考察中歸納出一項結論：「雖然『情』和『性』可以互
換，它們的意思並不是完全一樣。『情』所強調的是一物有某種
趨向，而那種趨向是該物的特徵；『性』則強調這種趨向是該物

的構成部分。」[56] 故「性情」作為一個複合詞，應包含這兩方面
的意涵。因此，我們可以將「乾元者，始而亨者也；利貞者，性
情也」這句話翻譯為：乾元為萬物之始而能通達；它能利萬物，
而使得其正，這便是它的性情。

　　然而，焦循卻完全根據漢儒「性屬陽，情屬陰」的思想間
架來解釋這兩句話。其《易通釋》云：

> 性為人生而靜，其與人通者則情也、欲也。傳云：「六
> 爻發揮，旁通情也。」成己在性之各正，成物在情之
> 旁通。非通乎情，無以正乎性。情屬利，性屬貞。故
> 利貞兼言性情，而旁通則專言情。旁通以利言也，所
> 謂「感於物而動，性之欲也」。[57]

焦循即根據他對《易》傳這兩句話的理解來詮釋《孟子》「乃若
其情，則可以為善矣，乃所謂善也」一語，而說：「性之善，全在情
可以為善；情可以為善，謂其能由不善改而為善。」[58] 但如上所
述，無論是焦循對《易》傳文句的解釋，還是對《孟子》文句的
解釋，在訓詁上都無根據，而且他還將漢人的觀念附會到其中。
對於主張「訓故明，乃能識羲、文、周、孔之義理」，且強調宋儒
之義理不能代表孔子之義理的焦循而言，這實在是夠諷刺的了！

---

56 李明輝編：《孟子思想的哲學探討》，頁104。大陸學者金景芳與呂紹綱
　　認為：「性與情其實是一回事。性是從靜態看，情是從動態看。」與信教
　　授之說相通。金、呂二人之說見其《周易全解》（長春：吉林大學出版
　　社，1989年），頁28。
57 焦循：《易通釋》，卷5，〈性情才〉，引自其《易學三書》（臺北：
　　廣文書局，1970年），中冊，頁234-235。
58 《孟子正義》，下冊，卷22，頁756。

　　類似的情況還見於上文所提到的精英主義觀點。《孟子·盡心上》第十五章所載孟子論「良知、良能」的一段話對於理解其性善說而言，是極具關鍵性的文獻。故後代儒者在闡釋孟子性善說時，幾乎都會引述這段話，並提出自己的詮釋。我們甚至可以說：對這段文字無恰當理解者，難謂了解孟子的性善說。這段文字並不長，全文如下：

> 人之所不學而能者，其良能也；所不慮而知者，其良知也。孩提之童，無不知愛其親者；及其長也，無不知敬其兄也。親親，仁也；敬長，義也；無他，達之天下也。

焦循在闡釋這段文字的義理時，引述了孫星衍在其〈原性篇〉中的一段文字：

> 何以言「性待教而為善」？《易》言天道陰陽，地道剛柔，人道仁義，后以裁成、輔相、左右民。《禮記》言盡人物之性，與天地參。《書》云剛克、柔克、正直。剛屬性，柔屬情，平康之者教也。《禮記》言天命謂性，率性謂道，修道謂教。教者何？性有善，而教之以止於至善，故《禮記》之言「明德」也，曰「日新」，曰「止至善」。止者，如文王止於仁敬孝慈信，即性中之五常，必教而能之，學而知之也。孟子以孩提之童愛其親、敬其長是也。然童而愛其親，非能愛親，慈母乳之而愛移；敬其長，非能敬長，嚴師扑之而敬移；然則良知、良能不足恃，必教學成而後真知

愛親敬長也。故董仲舒之言「性待敎爲善」是也。[59]

由這段文字顯然可知，孫星衍之說係發揮董仲舒「性待敎而爲善」之說。董仲舒之說見於《春秋繁露・深察名號篇》。但問題是：董仲舒是就「如其生之自然之資」來理解「性」，基本上繼承告子以來的「氣性」傳統。從這個觀點出發，董仲舒才能說：「性比於禾，善比於米。米出禾中，而禾未可全爲米也；善出性中，而性未可全爲善也。」因此，他並不完全贊同孟子的性善說，並且明白指出他與孟子在觀點上的分歧：「吾質之命性者異孟子：孟子下質於禽獸之所爲，故曰性已善；吾上質於聖人之所爲，故曰性未善。」在這個義理背景下，董仲舒提出「性待敎而爲善」之說，實爲順理成章之事。然則，孫星衍根據董仲舒之說來詮釋孟子的性善說，豈非移花接木，張冠李戴？孟子明明說良能是「不學而能」，良知是「不慮而知」，並舉孩提之童愛親、敬長之事實來證明良知、良能之存在，豈會同意「良知、良能不足恃，必敎學成而後眞知愛親敬長也」之說？故孫星衍這段文字，只能代表他自己的觀點，而決非孟子觀點的客觀詮釋[60]。

---

59 見孫星衍：《問字堂集》，卷1，引自其《問字堂集・岱南閣集》（北京：中華書局，1996年），頁18；標點略有更改。

60 近年來，傅佩榮敎授力倡以「人性向善論」來詮釋孟子的「性善說」，其論點與董仲舒的論點幾乎如出一轍。因此，「人性向善論」視爲傅敎授自己的人性觀則可，視爲對孟子性善說的詮釋，則萬萬不可。關於此一問題，請參閱拙著：《康德倫理學與孟子道德思考之重建》（臺北：中央研究院中國文哲研究所，1994年），頁105-116。朱伯崑敎授爲了支持「人性向善論」，竟然引述董仲舒之說，且說董仲舒是「依

　　焦循在引述了孫星衍的這段文字之後，又呼應其說，對孟子的這段話加以詮釋。其文如下：

> 孟子言良能為不學而能，良知為不慮而知。其言「孩提之童，無不知愛其親」，則不言無不能愛其親也；其言「及其長也，無不知敬其兄」，則不言無不能敬其兄也。蓋不慮而知，性之善也，人人所然也。不學而能，唯生知安行者有之，不可概之人人。知愛其親，性之仁也，而不可謂能仁也。知敬其兄，性之義也，而不可謂能義也。曰親親，則能愛其親矣，仁矣，故曰「親親，仁也」。曰敬長，則能敬其兄矣，義矣，故曰「敬長，義也」。何以由知而能也？何以由無不知而無不能也？無他，有達之者也。聖人通神明之德，類萬物之情，達之天下也。[61]

焦循也像孫星衍一樣，接受董仲舒「性待教而為善」之說。我們在上文也引述了焦循在〈性善解二〉所言：「人之性不能自覺，必待先覺者覺之。」這兩項觀點在邏輯上顯然有其關聯。因為就無善無惡的氣性而言，人性本身自然不足以為善，而有待於先覺者引之而善。所謂「先覺者」即是聖人，故焦循特別強調聖人之教的必要性。其實，孟子也很重視聖人之教，所以

孟子義」提出「善出於性，而性不可謂善」之說。他與孫星衍一樣，犯了移花接木的錯誤。朱教授之說見於他為傅教授《儒家哲學新論》一書所寫的書評，此書評刊於《哲學雜誌》第7期(1994年1月)，頁190-196。

61 《孟子正義》，下冊，卷26，頁900。

他強調「賢者以其昭昭使人昭昭」（〈盡心下〉第二十章）並且
引伊尹之言曰：「天之生斯民也，使先知覺後知，使先覺覺後
覺。」（〈萬章下〉第一章）但依孟子之見，人的道德發展主要
是憑藉其本有的良知、良能，聖人之教只是助緣而已。反之，
對焦循而言，由於一般人無法自覺，聖人之教便成爲其道德發
展的必要條件。爲了證成這項觀點，他不惜割裂、曲解《孟子》
此章的文義。首先，他將「良知」與「良能」析爲二物。其實，
「良知」即「良能」，兩者是一物之二面 [62]。趙岐注亦曰：「知
亦猶是能也。」因此，孟子說「孩提之童，無不知愛其親」，
便涵「無不能愛其親」之義；說「及其長也，無不知敬其兄」，
便涵「無不能敬其兄」之義。如今，焦循卻將孟子的意思解釋
成：孩提之童，雖知愛其親，卻不能愛其親；雖知敬其兄，卻
不能敬其兄。所以，他說：「知愛其親，性之仁也，而不可謂
能仁也。知敬其兄，性之義也，而不可謂能義也。」這其實相
當於董仲舒所云：「善出性中，而性未可全爲善也。」可是孟
子明明說：「人之所不學而能者，其良能也。」爲了彌縫這項
矛盾，焦循只好說：「不學而能，唯生知安行者有之，不可概
之人人。」但這顯然是對文義的曲解，因爲這句話所論的明明
是所有的「人」，而不僅限於聖人（生知安行者）。由此一曲解，
焦循索性曲解到底，將最後一句「無他，達之天下也」解作「無
他，有達之者也。聖人通神明之德，類萬物之情，達之天下也」。

---

62 關於良知與良能的關係，請參閱拙著：《康德倫理學與孟子道德思考
之重建》，頁82-86。

其實，這句話的主詞是上文的「親親，仁也；敬長，義也」，
亦即表現爲仁義之心的良知、良能，而非聖人。故孟子的意思
是說：良知、良能通達於天下，爲人人所共有。由此可見，焦
循的訓詁方法非但無法幫助他理解孟子的義理，反而由於他對
於孟子義理的隔閡，而影響到其訓詁工作的可靠性。

6

　　焦循接受董仲舒「性待教而爲善」之說，因爲他們都繼承
了「氣性」傳統。但是董仲舒清楚地了解他自己與孟子在觀點
上的歧異，而焦循卻自以爲能理解孟子，並且贊成孟子性善說。
其實，類似的情形也發生在陳確身上。陳確有〈性解〉之作，
其中說道：

> 〔…〕人性無不善，于擴充盡才後見之也。如五穀之
> 性，不藝植，不耘籽，何以知其種之美耶？〔…〕如
> 曰：「惻隱之心，仁之端也。」雖然，未可以爲善也。
> 從而繼之，有惻隱，隨有羞惡、有辭讓、有是非之心
> 焉。且無念非惻隱，無念非羞惡、辭讓、是非之心，
> 而時出彌窮焉，斯善矣。[63]

這段文字所表達的，其實正是董仲舒所謂「善出性中，而性未可
全爲善也」，以及「性待教而爲善」之說，故顯然與焦循同調。針

---

63 《陳確集》，下冊，頁447-448，〈性解上〉；標點略有更改。

對此一觀點，黃宗羲當時便加以駁斥。其〈與陳乾初論學書〉曰：

> 夫性之為善，合下如是，到底如是。擴充盡才，而非
> 有所增也；即不加擴充盡才，而非有所減也。〔…〕
> 若必擴充盡才，始見其善，不擴充盡才，未可為善，
> 焉知不是荀子之性惡，全憑矯揉之力，而後至于善乎？
> 老兄雖言：惟其為善而無不能，此以知其性之無不善
> 也，然亦可曰：惟其為不善而無不能，此以知其性之
> 有不善也。是老兄之言性善，反得半而失半矣。[64]

黃宗羲的批評可謂一針見血！因為他看出陳確立論的基礎在於
氣性。氣性本身是中性的，可引而向善，亦可引而向惡。陳確
以其能引而向善來支持孟子的性善說，他人又何嘗不可因其能
引而向惡而贊同荀子的性惡說？所以，黃宗羲說陳確「得半而
失半」，其實後者根本未把握到孟子性善說的要旨。黃宗羲的
上述批評也完全適用於焦循。

在此，我們不禁會產生一個問題：何以像焦循這類志在紹
述孔、孟義理的漢學家竟然會對孟子的心性論誤解到如此程
度？是不是他們的方法論有問題？如上文所說，焦循和其他乾
嘉漢學家一樣，都採取「以訓詁學方法解決詮釋學問題」的方
法。從理論上說，乾嘉漢學家的訓詁學方法只是一種手段，其
目的是要理解古代聖人之義理。故就目的而言，他們與宋儒並

---

64 沈善洪主編：《黃宗羲全集》（杭州：浙江古籍出版社，1985-1994年），
第10冊，頁152-153；標點略有更改。

無二致；他們所反對的，只是宋儒的詮釋進路。但實際上，當時不少以漢學爲標榜者，卻往往重考據而輕義理，類乎買櫝還珠。對於這類學者，焦循亦深爲痛疾，所以他反對「考據」之名。例如，其〈與孫淵如觀察論考據著作書〉云：

> 循謂仲尼之門，見諸行事者，曰德行，曰言語，曰政事；見諸著述者，曰文學。自周、秦以至於漢，均謂之「學」，或謂之「經學」。漢時各傳其經，即各名其學〔…〕無所謂考據也。〔…〕本朝經學盛興，在前如顧亭林、萬充宗、胡朏明、閻潛邱；近世以來，在吳有惠氏之學，在徽有江氏之學、戴氏之學；精之又精，則程易疇名於歙，段若膺名於金壇，王懷祖父子名於高郵，錢竹汀叔姪名於嘉定。其自名一學，著書授受者，不下數十家，均異乎補苴掇拾者之所爲，是直當以「經學」名之，烏得以不典之稱之所謂「考據」者混目於其間乎？[65]

再者，如上文第二節所述，焦循以爲宋儒之義理不能代表孔子之義理。然則，漢儒之義理是否能代表孔子之義理呢？焦循認爲未必。所以，他也批評當時的一些漢學家，例如，其〈述難四〉云：

> 學者詡於人，輒曰：「吾述乎爾。」問其何爲乎述，則曰：「學孔子也。」〔…〕然則所述奈何？則曰：「漢學也。」嗚乎！漢之去孔子，幾何歲矣！漢之去今，又幾何歲矣！學者，學孔子者也。學漢人之學者，

---

65 焦循：《雕菰集》，卷13，頁212-214。

以漢人能述孔子也，乃舍孔子而述漢儒。漢儒之學果
即孔子否邪？〔…〕學者述孔子，而持漢人之言，惟
漢是求，而不求其是，於是拘於傳注，往往扞格於經
文。是所述者，漢儒也，非孔子也。而究之漢人之言，
亦晦而不能明，則亦第持其言，而未通其義也，則亦
未足為述也。且夫唐、宋以後之人，亦述孔子者也。
持漢學者，或屏之不使犯諸目，則唐、宋人之述孔子，
詎無一足徵者乎？學者或知其言之足徵而取之，又必
深諱其姓名，以其為唐、宋以後之人，一若稱其名，
遂有礙乎其為漢學者也。噫！吾惑矣。[66]

可見焦循雖被後人歸入漢學家之列，但他自己對「漢學」之名卻
大有保留，而寧可以「經學」名其學。而他在此處所論，亦有超
越漢、宋門戶之識見，表現出相當清楚的批判意識。然而，證諸
焦循對孟子心性論的詮釋，他正是犯了他自己所說「持漢人之
言，惟漢是求，而不求其是，於是拘於傳注，往往扞格於經文」
之病。故我們亦可套用他的話來評論其《孟子正義》說：「是所
述者，漢儒也，非孟子也。」[67] 究其原因，筆者認為除了明末清
初思想轉折的影響之外，恐怕不可不歸咎於其方法論上的盲點。
　　關於清代漢學家在方法論上的盲點，方東樹在《漢學商兌》

---

66 同上書，卷7，頁104-105。

67 何澤恆教授也指出：「里堂論學，極惡拘守門戶，其於時人專漢據守
　　之習，亦屢加指摘，而己則不免於自陷，無乃明於燭人而闇於自照乎？」
　　見其〈焦循論孟子性善義闡繹〉，收入其《焦循研究》（臺北：大安出
　　版社，1990年），頁209-210。

中的一段評論筆者以為頗有參考價值，故引述於下：

> 〔…〕訓詁不得義理之真，致誤解古經，實多有之。
> 若不以義理為之主，則彼所謂訓詁者，安可恃以無差
> 謬也？諸儒釋經解字，紛紜百端。吾無論其他，即以
> 鄭氏、許氏言之，其乖違失真者已多矣，而況其下焉
> 者手！總而言之，主義理者，斷無舍經廢訓詁之事；
> 主訓詁者，實不能皆當於義理。何以明之？蓋義理有
> 時實有在語言文字之外者。[68]

依漢學家的說法，詮釋是由「文字」（確定字義）而「訓詁」（疏解文句、語法）而「義理」（闡釋思想意涵）的單向活動，只能由「文字」決定「訓詁」，再由「訓詁」決定「義理」，而不能反向而行。這是由部分而整體的操作程序。但是對方東樹而言，這套方法論很成問題，所以說：「訓詁不得義理之真，致誤解古經，實多有之。」他指出：詮釋應是雙向的活動。他並不否認由部分而整體的操作程序之必要性，所以說：「主義理者，斷無舍經廢訓詁之事。」但問題是：此一方向的操作程序並不足以完全決定義理，所以說：「義理有時實有在語言文字之外者。」進而言之，字句的意義往往須根據思想意涵才能決定，所以說：「若不以義理為之主，則彼所謂訓詁者，安可恃以無差謬也？」因此，在詮釋過程中，由整體而部分的反向操作程序同樣是必要的。換言之，如果我們將「文字」歸併於「訓詁」的層次，則「訓詁」與

---

68 方東樹：《漢學商兌》（臺北：廣文書局，1977年），卷中之下，頁10下
至11上。

「義理」在詮釋活動中分別屬於兩個相互獨立、而又相互關聯的層次，任何一者均不能化約爲另一者。

方東樹的上述觀點其實隱含了當代西方詮釋學所謂「詮釋學循環」(hermeneutischer Zirkel)的概念[69]。這個概念在西方詮釋學的發展中包含極爲豐富而複雜的涵義，遠遠超出了文獻解讀的範圍，甚至進入了存有論的領域。對於這些複雜的涵義，德國哲學家加達默爾(Hans-Georg Gadamer)在其〈論理解的循環〉一文中作了非常扼要的說明。在此文中，他藉我們學外語的經驗來說明這種循環的一般性意義：

> 在此場合我們學到：在我們嘗試就語言意義來理解一個句子的個別部分之前，我們得先「建構」(konstruieren)這個句子。但這個建構過程本身已受制於一種對於意義的期待(Sinnerwartung)，這種期待來自先前發生的事情之脈絡。當然，如果文本要求的話，這種期待必須被修正。這就意謂：這種期待被重新調整，而且在另一種對於意義的期待下，文本統合起來，達到一種意見的統一。因此，理解的運動始終是由整體通往部分，再回到整體。其任務是在諸同心圓當中擴大所理解的意義之統

---

69 朱維錚教授對《漢學商兌》一書評價極低，甚至認爲此書「罕有學術價值」。但依筆者之見，此書的論點涉及現代詮釋學的一些基本問題，值得我們從現代學術的觀點重新加以評價。朱教授的看法見於其〈漢學與反漢學——江藩的《漢學師承記》、《宋學淵源記》和方東樹的《漢學商兌》〉一文。此文收入其《求索眞文明》(上海：上海古籍出版社，1997年)，頁13-43；後略加擴充，成爲其所編《漢學師承記(外二種)》(北京：三聯書店，1998年)之〈導言〉。

一性。所有細節與整體間的一致性便是理解的正確性之
當下判準。未達到這種一致性便意謂理解之失敗。[70]

同樣的文字也出現在其《真理與方法》一書的本文中，不過在
此他以我們學習古代語言的經驗爲例 [71]，而這反而更切合本文
之需要。加達默爾所謂「對於意義的期待」涉及「義理」的層
次，句子之建構及語言意義之確定則涉及「訓詁」及「文字」
的層次。在解讀文獻時，讀者要把握作品的涵義，自然須透過
對文字及語句的訓解。但由於文字本身所具的不確定性（或者
說，多義性），同樣的字句在不同的文脈中可能有不同的涵義。
此時，讀者反而需要透過對作品涵義的解讀，才能確定個別字
句的意義。確定了個別字句在特定文本中的意義之後，讀者更
容易把握作品的涵義。這種過程形成一種循環，但它不是一種
惡性循環，而是一種如螺旋般上升的循環，在循環的過程中讀
者對作品涵義的理解不斷提升。

清代漢學家的盲點在於欠缺「詮釋學循環」的概念，而將詮
釋理解爲一種單向活動 [72]。由戴震與焦循的例子我們不難看出其
方法之局限，因爲如以上的討論所顯示，單憑考證「性」字的古
訓，我們並無法確定「性」這個概念在孟子思想中的哲學意涵。

---

70 H.-G. Gadamer: "Vom Zirkel des Verstehens", in: ders., *Hermeneutik II: Wahrheit und Methode. Ergänzungen* (Tübingen: J.C.B. Mohr 1993),S. 57.

71 H.-G. Gadamer: Hermeneutik I: Wahrheit und Methode. Grundzüge einer philosophischen Hermeneutik (Tübingen: J.C.B. Mohr 1986), S. 296.

72 本文初稿撰成之後，承張隆溪教授相告：錢鍾書先生對清代漢學家也有類似的批評。錢先生之說見其《管錐編》（臺北：書林出版公司，1990年），第1冊，頁171-172，〈左傳正義〉第3則。

徐復觀先生在其《中國人性論史・先秦篇》第一章〈生與性——一個方法上的問題〉便針對傅斯年先生的《性命古訓辨證》一書，檢討其「以語言學的觀點解決思想史中之問題」的方法。他指出：

> 性字的内容，豈僅因時代，因學術的流派而各有不同；
> 即在一人、一書的裡面，同一性字，也常有不同的内
> 容。每一個重要的學術性地名稱名詞，決不是如傅氏
> 所說的，能「就其字義，疏為理論」；而是要就有關
> 文獻中上下關連的文句，以歸納的方法，條理出一個
> 理論線索來，再用以確定某一個學術性地名稱名詞的
> 定義或内容。[73]

這段話質疑「由訓詁以明義理」的方法，故也可視為對焦循等漢學家的間接批評。徐先生在另一文〈有關思想史的若干問題〉中，也表達了類似於「詮釋學循環」的想法[74]。依他在此處的說明，文獻解讀需要兩個步驟：第一步是「由局部以積累到全體的工作」，第二步則是「由全體以衡定局部的工作」。他進而指出：第一步工作的確需要訓詁考據之學，但第二步工作則超出了訓詁考據的範圍，而由第一步轉向第二步的關鍵便在於運用抽象的能力，以建立基本概念。他寫道：

> 此種基本概念，有的是來自實踐，有的是來自觀照，有

---

73 徐復觀：《中國人性論史・先秦篇》（臺北：臺灣商務印書館，1969年），頁12。

74 有關的說法見徐復觀：《中國思想史論集》（臺北：臺灣學生書局，1993年），頁113-117。

的是來自解析。儘管其來源不同，性格不同，但只要他
實有所得，便可經理知的反省而使其成一種概念。概念
一經成立，則概念之本身必有其合理性、自律性。合理
性自律性之大小乃衡斷一家思想的重要準繩。[75]

此處所言概念本身之「合理性、自律性」，其實便是方東樹所
謂「義理有時實有在語言文字之外者」。更確切地說，義理的
探討不但可以獨立於訓詁考據之外，有時還可能反過來決定字
詞與文句的意義。

　　焦循等人總以爲漢人去古未遠，又有家法，通過漢人的訓
詁才能掌握先秦典籍的原義。但由於他們欠缺詮釋學的反省，
碰到義理問題時，無法憑其抽象思考的能力去建立基本概念，
而在不自覺中將漢人的思想附會到先秦的文獻中。在這種情況
下，焦循對孟子心性論的誤解也就不足爲奇了。

---

75 同上註，頁114。

再論牟宗三先生對孟子心性論的詮釋

　　牟宗三先生借用康德的哲學概念和架構來詮釋儒家思想，是關心或研究當代新儒學的人都知道的。1984年黃進興教授發表了〈所謂「道德自主性」：以西方觀念解釋中國思想之限制的例證〉一文，質疑牟先生借用康德的「自律」（黃教授譯爲「自主性」）概念來詮釋儒家(特別是孟子)義理的作法[1]。由於這可能是第一次有人從方法論的層面對牟先生的詮釋提出批評，故此文發表之後，頗引起學者的注意。當時，筆者尚在德國求學，故未馬上讀到此文。1986年筆者學成返臺後，始有緣讀到此文。次年，筆者便撰寫了〈儒家與自律道德〉一文，作爲回應[2]。黃進興在其文

---

1 此文原先發表於《食貨月刊》第14卷第7/8期合刊(1984年10月20日出刊)，後收入黃進興：《優入聖域——權力、信仰與正當性》(臺北：允晨文化出版公司，1994年)。

2 此文最初於1987年9月28日在第六屆臺北「鵝湖論文研討會」中發表，其後刊載於《鵝湖學誌》第1期(1988年5月)，並收入拙著：《儒家與康德》(臺北：聯經出版公司，1990年)。

中強調康德與孟子間的歧異，以證明牟先生借「自律」概念
來詮釋儒家義理之不當。黃進興將孟子的「四端之心」理解
成一種「具有經驗意義的『道德感』」[3]，並由此斷言：「與
其說儒家道德哲學與康德哲學相通，毋寧說與康德所反對的
赫京生、休謨諸人的學說較爲類似，後者咸認爲人類具有內
在的『道德感』(moral sense)以作爲倫理判斷的依據。」[4] 筆
者則強調：康德係在「道德底形上學」的層面上推衍出「自
律」的概念，而他與孟子間的分歧點主要存在於哲學人類學
的層面，故這種歧異無礙於他們的倫理學同屬於「自律倫理
學」。至於孟子的「四端之心」，筆者認爲：與其說它是英
國倫理學家赫其森(Francis Hutcheson，即「赫京生」)等人
所謂的「道德感」或晚期康德所謂的「道德情感」，不如將
它歸諸德國現象學倫理學所謂的「情感先天性」(das
emotionale A priori)，而視之爲一種先天的意向性體驗 [5]。

　　對於筆者的反駁，黃進興並未立即回應。直到1994年，當
他將〈所謂「道德自主性」：以西方觀念解釋中國思想之限制
的例證〉一文收入其《優入聖域——權力、信仰與正當性》一書
中出版時，也同時收入其舊作〈孟子的「四端說」與「道德感
說」〉的修訂稿。在後一文中，他雖於註釋中提到拙作〈儒家
與自律道德〉，但全文仍是重複其原先的觀點，即強調孟子的
「四端之心」與英國倫理學家的「道德感」之間的類似性。此

---

3 黃進興：《優入聖域——權力、信仰與正當性》，頁12。
4 同上註，頁14-15。
5 參閱拙著：《儒家與康德》，頁23及37-38。

外,他在文後附了一個簡短的〈十年之後:後記〉,對筆者的
觀點作了如下的評論:

> 個人依舊不能同意康德的「道德自主性」可從康德的倫
> 理體系分離出來。果如同李教授所示,則康德的倫理學將
> 與其一向所反對的「道德感說」無所分辨。這無疑違逆
> 康德哲學構作的原意,且損毀康德概念系統的完整性。[6]

可惜的是,黃進興除了重申他原先的立場之外,並無進一步的
說明,也未對筆者的觀點提出進一步的辯駁。所以,這場辯論
也就不了了之。不過,這場辯論也在學術界引起了一些直接和
間接的回響。對這些回響加以檢討,或許有助於進一步澄清相
關的問題,這乃是本文的主要目的。

　　1994年中國大陸旅歐學者顧昕出版了《黑格爾主義的幽靈與
中國知識份子——李澤厚研究》一書。由此書的副標題可知,這
是一本探討李澤厚思想的書。顧昕在討論李澤厚對孟子倫理思
想的詮釋時,提到了筆者與黃進興之間的那場辯論。為了便於
以下的討論,我們在此先闡述李澤厚對孟子心性論的詮釋。李
澤厚的〈孔子新評價〉一文中有「附論孟子」一節,論及孟子
的倫理思想[7]。其中有一段文字很扼要地說明了他對孟子倫理思
想的基本看法:

---

6 黃進興:《優入聖域——權力、信仰與正當性》,頁40。
7 此文最初發表於《中國社會科學》1980年第2期時,並不包括「附論孟
　子」一節。1985年此文收入李澤厚本人的《中國古代思想史論》(北京:
　人民出版社)時,始加上這一節。

〔…〕以孟子為代表的中國絕對倫理主義特點〔…〕
在於，一方面它強調道德的先驗的普遍性、絕對性，
所以要求無條件地履行倫理義務，在這裡頗有類於康
德的「絕對命令」；而另一方面，它又把這種「絕對
命令」的先驗普遍性與經驗世界的人的情感（主要是所
謂「惻隱之心」實即是同情心）直接聯繫起來，並以它
（心理情感）為基礎。從而人性善的先驗道德本體便是
通過實現人世的心理情感被確認和證實的。超感性的
先驗本體混同在感性心理之中。從而普遍的道德理性
不離開感性而又超越於感性，它既是先驗本體，同時
又是經驗現象。孟子說，「理義之悅我心猶芻豢之悅
我口，」「仁義禮智根於心。其生色也，睟然見於面，
盎於背，施於四體，四體不言而喻。」先驗道德本體
竟然可以與感覺、生理、身體、生命相直接溝通聯繫，
從而它似乎本身也是感性的或具有感性的成分、性質
了。這便是中國哲學「體用不二」、「天人合一」特
徵在倫理學上的早期表現。8

由此可知，李澤厚一方面承認孟子與康德的倫理思想有相通之
處，即均屬於「絕對倫理主義」，另一方面他又將孟子的「四
端之心」理解為一種感性的、經驗的情感。單就後一點而言，
李澤厚與黃進興的觀點是一致的。

　　在分別引述了李澤厚和筆者對孟子心性論的詮釋之後，顧

---

8 李澤厚：《中國古代思想史論》（臺北：三民書局，1996年），頁42-43。

昕藉筆者的觀點對李澤厚提出以下的批評：

> 事實上，李明輝的論證實際上已經指出，孟子的倫理
> 學，是屬自律倫理學，但和謝勒的實質主義倫理學更
> 為相近了。李澤厚在論及「四端」時，依然停留在感
> 性的道德情感這個層面上，即他所說的「心理主義」。
> 如果我們贊同李明輝的意見，那麼李澤厚不僅在倫理
> 學的形式主義和實質主義之分際上缺乏深刻的認識，
> 而且對孟子的「四端」也存有不夠精當的了解。[9]

不但如此，顧昕對牟宗三先生的孟子詮釋也表示懷疑。故在上
一段引文之後，他加了一個註解：

> 可以推測，李澤厚對孟子與康德之差別的了解，和牟
> 宗三有很大關係。實際上，李澤厚的有關論述，可以
> 看成是牟宗三有關論述的一種簡化表述。筆者懷疑，
> 牟宗三對孟子與康德之差別的了解是否達到了李明輝
> 論述的深度，因為牟宗三主要是從「心即理」這個自
> 孟子以來到宋明「心學」得到大發展，也是牟宗三及
> 狹義的「當代新儒家」著力宏揚的思想，來批判康德
> 的二元論。牟宗三是否從哲學上證成了「心即理」，
> 例如像李明輝那樣借鑒謝勒的現象學倫理學來「創造

---

9 顧昕：《黑格爾主義的幽靈與中國知識份子──李澤厚研究》（臺北：
風雲時代出版公司，1994年），頁230。

性地」解釋孟子的「四端説」，還是很可懷疑的。[10]

　　李澤厚對孟子與康德之差別的了解是否受到牟先生的影響，筆者在此無意(亦毋須)揣測。但是他們均在孟子的「四端之心」看到差別之所在，則是可以斷言的。牟先生在《心體與性體》第一冊〈綜論〉部論及康德所說的「道德感」(moralischer Sinn; moral sense)或「道德情感」(moralisches Gefühl)。依康德之見，「道德感」或「道德情感」本身是感性的，故無法建立具有普遍效力的道德法則。針對這點，牟先生認爲：「道德感、道德情感可以上下其講。下講、則落於實然層面，自不能由之建立道德法則，但亦可以上提而至超越的層面，使之成爲道德法則、道德理性之表現上最爲本質的一環。」[11] 從超越的層面上，他論及一種普遍的而又具體的道德之情與道德之心。他寫道：

> 這種心、情，上溯其原初的根源，是孔子渾全表現的
> 「仁」：不安、不忍之感，悱惻之感，悱啓憤發之情，
> 不厭不倦、健行不息之德，等等。這一切轉而爲孟子
> 所言的心性：其中惻隱、羞惡、辭讓、是非等是心，
> 是情，也是理。理固是超越的，普遍的，先天的，但
> 這理不只是抽象地普遍的，而且即在具體的心與情中
> 見，故爲具體地普遍的；而心與情亦因其即爲理之具
> 體而眞實的表現，故亦上提而爲超越的、普遍的，亦

---

10 同上註，頁294-295。
11 牟宗三：《心體與性體》，第1冊(臺北：正中書局，1968年)，頁126。

> 主亦客的，不是實然層上的純主觀，其為具體是超越
> 而普遍的具體，其為特殊亦是超越而普遍的特殊，不
> 是實然層上的純具體、純特殊。這是孟子磐磐大才的
> 直悟所開發。[12]

此外，在《心體與性體》的其餘各冊、《智的直覺與中國哲學》、《現象與物自身》，以及他所譯註的《康德的道德哲學》中，他一再重申此意。職是之故，筆者針對黃進興的質疑而強調：「黃先生所發現康德與孟子倫理學之歧異，牟先生早已了然於心，而且早已在其著作中有所分辨。」[13] 這是完全有根據的。

在此我們不難看出：在牟先生與李澤厚對「四端之心」的詮釋上存在重大的分歧。因為誠如顧昕所說，李澤厚在論「四端」時，「依然停留在感性的道德情感這個層面上」，而這也正是黃進興的觀點。（不過，既然如此，就不宜說：「李澤厚的有關論述，可以看成是牟宗三有關論述的一種簡化表述。」）但是這種詮釋會面臨很嚴重的質疑。對於李澤厚，我們要問：果如他所言，在孟子，道德本體是先驗的，四端之心是經驗的、感性的，這兩個異質的部分如何能「合一」呢？由於「先驗的」與「經驗的」這兩個概念是互相排斥的，普遍的道德理性如何能「既是先驗本體，同時又是經驗現象」呢？難道是孟子的思想含混不清嗎？或許是鑒於這個問題難於回答，黃進興乾脆否定孟子與康德之間的類似性，而將「四端之心」理解為赫其森等人所說的「道德感」。

---

12 同上註，頁127。
13 拙著：《儒家與康德》，頁42。

這樣的詮釋固然使孟子的思想得以保持一貫性，但是孟子卻必須
要面對康德對道德感學派所提出的質疑：普遍的道德法則如何能
建立在經驗的基礎上？這個代價不可謂不大。

面對以上的難題，我們很自然地會想到：或許有一種超感
性的「情」，可以作爲普遍道德的基礎，因而有別於一般的情
感。一般的情感是被動的，是由對象所引發的，而這種超感性
的「情」則是主動的，發自主體本身的活動。其實，朝鮮儒者
李退溪的「四端七情」之辨便已包含這種洞見。其〈答奇明彥·
論四端七情第二書〉云：

> 愚嘗妄以為：情之有四端、七情之分，猶性之有本性、
> 氣稟之異也。然則其於性也，既可以理氣分言之，至
> 於情，獨不可以理氣分言之乎？惻隱、羞惡、辭讓、
> 是非，何從而發乎？發於仁義禮智之性焉爾。喜、怒、
> 哀、懼、愛、惡、欲，何從而發乎？外物觸其形而動
> 於中，緣境而出焉。[14]

李退溪強調：情亦可以理氣分言，並非一說情，就一定屬
於氣。用現代的語言來說，情亦可以不是感性的，如四端。四
端是「發於仁義禮智之性」，可說是發於理；這種「情」自然
與一般屬於感性的「情」——七情——在本質上完全不同。「七

---

14 《增補退溪全書》（漢城：成均館大學校出版部，1991年），第1冊，《退
溪先生文集》，卷16，頁20下至21上。關於李退溪的「四端七情」之
說及其相關討論，參閱楊祖漢：〈朝鮮儒者關於「四端七情」問題的
討論〉，收入其《儒家的心學傳統》（臺北：文津出版社，1992年）。

情」之說雖始於《禮記・禮運篇》，在《孟子》書中並未出現，不過這只是對一般情欲的歸納，並非一套獨特的理論。它可以歸諸《孟子・告子上》第十五章所說的「小體」：「耳目之官不思，而蔽於物。物交物，則引之而已矣！」「物交物，則引之而已矣」正相當於李退溪所說的「外物觸其形而動於中，緣境而出焉」，均表示一般情欲的被動性。

其實在後期的康德，道德情感亦有其理性根據，即道德法則；就此而言，它與一般的情感有別。儘管如此，康德仍將道德情感歸諸感性層面，僅承認它是道德法則在感性上產生的結果，而非道德法則的基礎，從而將它排除於道德主體（意志，亦即實踐理性）之外。不過，在另一方面，道德情感又是「純粹實踐理性的動機」，道德法則必須通過它才能引發道德行為。康德的「道德情感」說使他陷於嚴重的理論難題 [15]。因為他堅信：人作為道德主體，必然有能力做到道德法則所要求於他的事 [16]。這正如同孟子相信：「人皆可以為堯、舜。」（《孟子・告子下》第二章）這也是「自律」概念的核心意涵。康德肯定道德的本質在於道德主體的「自律」，這包含「自我立法」與「自我服從」二義。換言之，作為道德主體的「意志」一方面能為自己制定道德法則，另一方面也有能力履行道德法則之要求；這兩方面共同構成「道德責任」的概念，因為人只能為他自己所制定、同時有能力履行的法則負道德責任。孟子顯然也會同意這兩點，因為他不但肯

---

15 關於康德的「道德情感」說及其所涉及的理論難題，請參閱拙著：《儒家與康德》，頁22-35及105-124。

16 關於此義，請參閱拙作：〈從康德的實踐哲學論王陽明的「知行合一」說〉，《中國文哲研究集刊》，第4期（1994年3月），頁424-429。

定：「仁、義、禮、智，非由外鑠我也，我固有之也，弗思耳矣！」
（〈告子上〉第六章）同時又強調：「有是四端而自謂不能者，自
賊者也；謂其君不能者，賊其君者也。」（〈公孫丑上〉第六章）

然而，康德爲道德主體所構思的理論架構卻不足以支撐其
上述的洞見。因爲當他將作爲道德主體的「意志」僅視爲實踐理
性，而將道德情感排除在外，將它歸於感性層面時，這無異於剝
除了道德主體履行道德法則之要求的能力。在此情況下，道德主
體僅保有「善之判斷原則」（principium diiudicationis bonitatis），
其「踐履原則」（principium executionis bonitatis）則旁落於道德情
感。儘管康德強調道德情感是每個人均擁有的自然稟賦，但也承
認這種稟賦在每個個體上所表現的強度不同，因而需要陶冶。故
對康德而言，道德教育基本上是在陶冶我們的道德情感，以增強
我們對道德法則的感受力，使之成爲一種習性；一旦養成了這種
習性，我們對於道德法則的意識便很容易轉化爲道德行爲 [17]。以
宋、明儒者慣用的話頭來說，康德的「道德情感」顯然屬於「氣
質之性」。在此我們不妨引用一個康德自己所舉的例子，來顯示
其「道德情感」說必然要面對的難題。他在《純粹理性批判》中
提到一個因惡意說謊而在社會中引起混亂的人 [18]。爲了了解他說
謊的原因，我們發現他受到惡劣的教育，交友不善，具有「一種

---

17 參閱 I. Kant: *Kritik der praktischen Vernunft*, in: *Kants Gesammelte Schriften* (Akademieausgabe), Bd. 5, S. 160f.；亦參閱 Paul Menzer (Hg.): *Eine Vorlesung Kants über Ethik* (Berlin: Rolf Heise 1924), S. 55f. & 174f.。

18 I. Kant: *Kritik der reinen Vernunft*, hg. Raymund Schmidt (Hamburg: Felix Meiner 1976), A554/B582。（A＝1781年第1版，B＝1787年第2版）

對羞恥無所感受的稟性」，爲人輕率魯莽等等。依康德之見，儘管有這些因素，此人仍要爲其惡行負完全的道德責任。因爲這些因素均屬於其「經驗的性格」（empirischer Charakter），而他尚有另一個「智思的性格」（intelligibler Charakter）；就他擁有「智思的性格」而言，他是完全自由的道德主體，可以爲其行爲負道德責任。但問題是：道德情感顯然屬於「經驗的性格」，它也是使我們對於道德法則的意識得以轉化爲具體行爲的真實力量。這個說謊者具有「一種對羞恥無所感受的稟性」，意謂其道德情感天生就很微弱（即使不是完全沒有）。他的後天環境顯然也不利於其道德情感之陶冶。對於這種情況及其說謊的行爲，其「經驗的性格」並不能負責，因爲它本身並無自主性。同樣的，其「智思的性格」亦不能爲其說謊的行爲負責，因爲它本身欠缺足夠的力量，將道德法則的意識轉化爲具體的行爲。這樣一來，「道德責任」的概念勢必兩頭落空。反之，如果我們將道德情感上提到道德主體的層面，使之與實踐理性相結合，便可以解決上述的理論難題。

康德的後輩席勒（Friedrich Schiller）便已發現康德倫理學中的這項困難。故他在承認康德的「自律」原則之前提下，有意打破康德的情感與理性二分之哲學架構，而提出「對義務的愛好」（Neigung zur Pflicht）之概念，並因而引發了一場論戰 [19]。

---

19 參閱拙著：《儒家與康德》，頁31-34；亦參閱 Ming-huei Lee: *Das Problem des moralischen Gefühls in der Entwicklung der Kantischen Ethik* (Taipei: Institute of Chinese Literature and Philosophy/Academia Sinica 1994), S. 293-307。

席勒的思考方向後來爲德國的現象學倫理學所繼承，並且提高
到方法論的思考層面。謝勒在其名著《倫理學中的形式主義與
實質的價值倫理學》中將康德的二元性哲學架構歸納如下：

> 先天的＝形式的（＝理性的）
> 後天的＝實質的（＝感性的）

謝勒認爲：這種二分法並未窮盡一切可能的領域，而是應
當還有第三個領域，即「先天而又實質的」領域 [20]。依他之見，
我們的「價值感」（Wertfühlen）即具有這種「先天而又實質的」
特性。他特意使用Fühlen一詞，來凸顯「價值感」的主動性，以
與一般的「情感」（Gefühl）加以區別。尼可萊·哈特曼則據此將
謝勒的倫理學觀點稱爲「情感先天主義」（emotionaler Apriorismus）[21]。在此，「先天的」（a priori）一詞係表示對價值的直接
的、第一手的、直觀的意向性把握 [22]。這與孟子對「四端之心」
所作的描述若合符節。

對於康德的「道德情感」說所包含的困難，牟先生亦知之
甚詳。譬如，他在《實踐理性批判》的註解中寫道：

> 如康德所説，凡是情即是感性的，凡是心亦是感性的

---

20 參閱 Max Scheler: *Der Formalismus in der Ethik und die materiale
   Wertethik* (Bern: Francke 1966), S. 72f. & 81f. 。
21 Nicolai Hartmann: *Ethik* (Berlin: de Gruyter 1962), S. 116.
22 哈特曼説：「一切道德態度毋寧都是直覺的、直接而當下的，並且自
   始就已包含在對現有事態（無論是情境還是已完成的行爲方式）的把握
   中。它並不先等待判斷的知性。」（同上註）

（所謂人心）。是則理性處本心義並未點出。如是，則
理性處無心，無情。但它可以影響於情而引生尊敬之
情，此則非感性的，而是實踐的。這是把**理性**與**敬情**
拉開分成兩層說，**敬情**只是一個結果，是**後得的**。但
理性底法則何以就是動力，何以能引生這敬情，則不
可理解，因為對於此法則以及自立此法則的意志無**任
何直覺**故。若如此，則人心之悅法則而起敬意全成偶
然，它亦可以悅，亦可以不悅，亦可以敬，亦可以不
敬。法則擺在那裡，我接受它的影響，才可以起敬意。
我若不接受它，它毫無辦法。而我之接受或不接受，
則全無定準，全是人心之偶然，因為人心是感性的（屬
於氣的）故。若說**法則之意識**是**理性底事實**，即使最未
受教育的人亦能知之，如是，人心**必能悅，必能尊敬**。
若如此，則必能悅必能尊敬之心即是吾人之**本心明
覺**，此則不是**感性的**（不屬於氣），為何必是**結果**，而
不可翻上來作為**原因**與理性為一？[23]

由康德倫理學的內在邏輯及其後的發展，我們可以發現一條清楚
的線索，指向「情理合一」的主體性架構，這決非偶然，而是有
理論上的必然性。與此相對照，朝鮮儒者提出「四端七情」之辨，
宋儒有「以覺說仁」之辯，以及陸、王提出「心即理」之說，亦
非偶然。在東西方倫理思想的發展之間存在如此明顯的一致性，

---

23 牟宗三譯註：《康德的道德哲學》（臺北：臺灣學生書局，1982年），頁
297-298。

豈非證明這套主體性架構有其普遍的意義？因此，問題的關鍵不在於牟先生是否借用現象學倫理學來支持他對孟子心性論的詮釋，而在於他的詮釋是否能把握孟子心性論的這種普遍意義。事實上，牟先生對於現象學的興趣不大。他嘗說：胡塞爾（Edmund Husserl）、海德格（Martin Heidegger）、維根斯坦（Ludwig Wittgenstein）等人的思想都是「世紀末衰世的『纖巧』哲學」[24]。他似乎也從未注意到現象學倫理學。但這並無礙於我們將他對孟子心性論的詮釋與現象學倫理學所代表的思考方向相提並論。

繼顧昕之後，注意到筆者和黃進興的辯論的還有楊澤波。1995年楊澤波出版了他的博士論文《孟子性善論研究》。這是文革結束以後中國大陸第一部討論孟子哲學的專書，特別值得注意。他撰寫此書時，顯然參考了牟先生的著作，故書末有一章題爲〈附論牟宗三性善論研究的貢獻與缺失〉。在此章的一個註解中，楊澤波寫道：

> 黃進興的論文對我有很大的啓發。我在修訂本書的過程中，又看到了牟門高足李明輝對黃進興的文章進行的全面的反駁。〔…〕李明輝認爲，雖然孟子和康德略有不同，但其主旨是一樣的，仍然可以說是道德自律。由於李明輝專攻康德，文章系統有致，影響較大，從而維護了牟宗三的主張。我既不完全同意黃進興的看法，也不贊成李明輝的反駁，但限於篇幅，不能在

---

24 牟宗三：《中西哲學之會通十四講》（臺北：臺灣學生書局，1990年），頁667-67。

本書具體展開，擬它文詳述。[25]

楊澤波何以不贊同筆者的看法，由這段話中無從揣測；但是由
其口氣看來，他似乎也不完全否定黃進興的看法。這可由這一
章的其他文字得到證明，因為他對牟先生的相關論點之批評基
本上與黃進興如出一轍[26]。譬如，楊澤波雖然明知牟先生已指
出孟子與康德在道德情感問題上的不同觀點，卻仍然寫道：

> 康德尊重理性，孟子尊重良心本心〔……〕因為本心本體
> 包涵豐富的情感性，所以本心本體並不同於道德理性。
> 例如，十分著名的「今人乍見孺子將入於井，皆有怵惕
> 惻隱之心」，其中顯然有眾多的情感因素。再如「四端」
> 當中，除「是非之心，智之端也」一句尚待討論外，其
> 餘無疑都是道德情感，或者說起碼包含濃厚的情感成
> 分。康德重理性輕情感，並把道德情感納入他律之中。以
> 這個標準看孟子，孟子是很難戴上道德自律的桂冠的。[27]

上述的批評牽涉到一個重要的詮釋學問題，這個問題往往為
牟先生的批評者所忽略。以牟先生對康德倫理學的嫻熟（他甚至
翻譯了《實踐理性批判》和《道德底形上學之基礎》二書），他

---

25 楊澤波：《孟子性善論研究》（北京：中國社會科學出版社，1995年），頁
  294。
26 楊祖漢教授曾撰〈牟宗三先生對儒學的詮釋──回應楊澤波的評議〉一
  文，反駁楊澤波的若干論點，讀者可自行參考。此文收入筆者所編：
  《儒家思想的現代詮釋》（臺北：中央研究院中國文哲研究所，1997
  年）。
27 楊澤波：《孟子性善論研究》，頁294。

豈會不知康德的「自律」原則排除了感性(連同情感)因素？既然
如此，他仍然堅持用「自律」概念來詮釋孟子的心性論，自然不
會沒有理由。牟先生在《現象與物自身》中強調：哲學文獻的解
讀須由「依語以明義」進至「依義不依語」，或者說，由康德所
謂「歷史的知識」進至「理性的知識」[28]。關於牟先生的哲學詮
釋方法，筆者曾撰有〈牟宗三先生的哲學詮釋中之方法論問題〉
一文詳論之，此處不再重覆[29]。簡言之，在哲學詮釋中，牟先生
要求由文字訓解的層次進至義理衡定的層次，並且以理性思考為
詮釋的最後判準。因此，我們在詮釋康德哲學時，探究某個概念
(譬如「自律」)的在康德著作中的意義是一回事，從哲學的理據
來說明這個概念的意涵是另一回事。康德自己也曾表示：一個人
即使對吳爾夫(Christian Wolff)的整個哲學系統瞭如指掌，也不意
謂他真懂得吳爾夫哲學，因為一旦我們質疑其中的一項定義，他
便可能不知如何回答。此人所得到的只是吳爾夫哲學的「歷史知
識」，而非其「理性知識」[30]。牟先生將孟子的倫理學歸入「自
律倫理學」，自然是根據康德哲學的「理性知識」，而非其「歷
史知識」。事實上，將康德的「自律」原則與他的倫理學系統分

---

28 見牟宗三：《現象與物自身》(臺北：臺灣學生書局，1975年)，〈序〉，
　　頁9-10；亦參閱頁6,8,16,17。

29 文見《中國文哲研究集刊》，第8期(1996年3月)；亦收入筆者所編：
　　《牟宗三先生與中國哲學之重建》(臺北：文津出版社，1996年)。關
　　於此一問題，亦請參閱鄭宗義：〈知識、思辯與感觸——試從中國哲學
　　研究論牟宗三先生的方法論觀點〉，《鵝湖學誌》，第18期(1997年6
　　月)。

30 I. Kant: *Kritik der reinen Vernunft*, A836/B864.

開處理，牟先生並非唯一的例子。德國學者亨利希（Dieter Henrich）便指出：康德以後德國倫理學的發展，從席勒、菲希特（Johann G. Fichte）到黑格爾，均可視爲康德倫理學的「自律」原則之進一步發展——儘管他們自己的哲學系統已不同於康德的系統[31]。謝勒雖然批評康德倫理學中的形式主義，卻依然承認「自律」原則，只是他主張以「人格之自律」來取代「理性之自律」[32]。

　　楊澤波對牟先生的另一項批評則顯示出他對牟先生的思想與概念使用有所隔閡。楊澤波在書中寫道：

> 〔…〕牟宗三〔…〕反反覆覆強調本心本體是理性，並依此與康德的理性主義倫理學進行比較。既然是理性，就應當按理性的規矩進行分析綜合、邏輯判斷。但這樣一來，逆覺反證就成爲不可能了。一方面講本心本體是理性，一方面又講本心本體可逆覺反證，這之間顯然有重大的矛盾：或是理性，或是逆覺反證。本心本體到底是什麼？牟宗三沒有講清楚，由此引申出無休止的爭論。[33]

牟先生使用的是「逆覺體證」一詞，而非「逆覺反證」，因爲「逆」字已包含「反」之意，毋須重覆。但這猶是小事，更嚴重的是：楊澤波並不了解牟先生所說「本心本體是理性」究竟

---

31 參閱 Dieter Henrich: *Selbstverhältnisse* (Stuttgart: Reclam 1982), S. 42-54.

32 參閱 Scheler: *Der Formalismus in der Ethik und die materiale Wertethik*, S. 486ff.

33 楊澤波：《孟子性善論研究》，頁302。

是什麼意思。楊澤波所理解的「理性」是非常狹義的。以他在
此賦與「理性」的功能——分析綜合、邏輯判斷——來看，他所
理解的「理性」僅限於康德所謂的「理論理性」，並不包括「實
踐理性」。但牟先生說「本心本體是理性」，卻是就「實踐理
性」（牟先生有時稱之爲「道德理性」）來說。然而，與康德不
同的是，牟先生認爲：人類的實踐理性即是「智的直覺」
（intellektuelle Anschauung），理性與直覺在此是合一的。對牟先
生而言，「逆覺體證」即是智的直覺，故同時也是實踐理性。
眾所周知，康德認爲人類不具有智的直覺，只有上帝才有這種
直覺；但至少對他而言，「智的直覺即實踐理性」的說法在概
念上未必是矛盾的。菲希特不但不否認人有智的直覺，甚至主
張：康德所謂的「定言令式」（kategorischer Imperativ）之意識其
實就是智的直覺 [34]。就這點而言，牟先生與菲希特的立場是一
致的。牟先生關於「智的直覺」的說法或許會有爭議，但是從
他的觀點來看，一方面講本心本體是理性，一方面又講本心本
體可逆覺體證，兩者之間並不存在任何矛盾。因此，楊澤波的
這項批評並非基於對牟先生的觀點之正確理解。

　　此外，楊澤波還批評牟先生沒有對「本心本體到底是什
麼？」提出說明。在書中的另一處，楊澤波針對牟先生以「凡
固有而定然如此者即說爲是天」來解釋《孟子・告子上》第十
五章所說「此天之所與我者」，提出了同樣的要求：「作爲現
代理論，要建構道德形上學，發掘儒家道德形上學的底蘊，必

---

34 "Zweite Einleitung in die Wissenschaftslehre", in: *Fichte Werke*（Berlin:
　　de Gruyter 1971），Bd. 1, S. 472.

須對性善之本心本體的來源，作出合理的解釋，否則不足以解決問題。」[35] 暫且不論這個要求是否合理，楊澤波本人倒是花了不少篇幅來說明良心本心的來源。他將良心本心理解爲一種「倫理心境」。他自己解釋道：「倫理心境是社會生活和理性思維在內心的結晶，正在成長的兒童和思維健全的成人內心都有這種結晶。」[36] 但他也意識到：這套「倫理心境」之說與孟子本人的說法並不相符，因爲孟子明明說：「此〔心之官〕天之所與我者。」又說：「人之所不學而能者，其良能也；所不慮而知者，其良知也。孩提之童無不知愛其親者，及其長也，無不知敬其兄也。」（〈盡心上〉第十五章）爲了化解這種文獻上的牴牾，楊澤波只好說：「的確，孟子曾把心的根源上溯到了天，以天作爲良心本心的根由。但對這種說法的理論價值不宜過於認真。」[37] 對於〈盡心上〉的這段文字，楊澤波則說：「雖然孟子的意圖很明顯，但這種說法卻不能成立。」[38] 然而，文獻詮釋可以如此任意而粗暴嗎？在筆者看來，楊澤波的「倫理心境」之說與其說是對孟子性善論的詮釋，不如說是他自己所創的理論，未必與孟子相干 [39]。

面對楊澤波的質疑，牟先生當會如此答覆：良知本心是固

---

35 楊澤波：《孟子性善論研究》，頁302。

36 同上註，頁78。

37 同上註，頁78-79。

38 同上註，頁79。

39 筆者對孟子的性善論提出了另一套詮釋，請參閱拙著：《康德倫理學與孟子道德思考之重建》（臺北：中央研究院中國文哲研究所，1994年）。

有而定然如此者，這是康德所說的「理性之事實」。在此，你
不能再要求進一步的說明，因爲任何進一步的說明等於是對此
一事實的否定。康德在《道德底形上學之基礎》書的結尾寫道：

> 〔…〕我們對道德底最高原則的推證並無差錯，而是
> 受到一種我們必須加諸一般而言的人類理性的指摘，
> 此即：人類理性無法使一項無條件的實踐法則（定言令
> 式必然也是如此）之絕對必然性可理解。因為我們不能
> 責怪人類理性不願藉一項條件（即藉某種作為基礎的
> 興趣）去做到這點；因為這樣一來，這項法則就不是道
> 德法則（自由底最高法則）了。是以，我們固然不理解
> 道德令式之無條件的實踐必然性，但我們卻理解其不
> 可理解性。這就是我們按理能對一門力求在原則中達
> 到人類理性底界限的哲學所要求的一切了。[40]

康德的意思是說：道德法則對於我們何以是絕對必然的，這是
我們的理性無法說明的，因爲唯一可能的說明是將道德法則納
入因果關係中，指出它所以產生的條件；但這樣一來，就等於
否定了道德法則的無條件性，亦即其絕對必然性。同樣的，面
對楊澤波的質疑，牟先生當會說：你把將良知本心解釋爲「社
會生活和理性思維在內心的結晶」，即是將它納入因果關係中；
這等於是否定了它的無條件性，它還算是良知本心嗎？

---

40 康德著、李明輝譯：《道德底形上學之基礎》（臺北：聯經出版公司，
1990年），頁96。

　　此外，楊澤波還批評牟先生忽略了孔、孟之間的差異，而將孟子視爲儒學正宗，並據以分判宋明儒學 [41]。關於這個問題，楊祖漢教授已有所辯正 [42]，故本文不再討論。不過，根據以上的討論，筆者同意楊祖漢對楊澤波及其他批評者的論斷，故引述於此，借爲本文之結論：

> 〔…〕楊氏對牟先生的哲學理論，是有相當嚴重的誤解的。楊氏相當有思辨力，對牟先生的著述，亦似盡力求了解，但似乎不容易相應。〔…〕吾人並不是認爲牟先生所論都是對的，都不可以批評，但批評必須基於恰當的理解上。而這點，楊氏（及其他許多批評當代新儒學理論的大陸學者）似乎是未能做到的。[43]

---

41 楊澤波：《孟子性善論研究》，頁304-308。

42 參閱楊祖漢：〈牟宗三先生對儒學的詮釋——回應楊澤波的評議〉，收入筆者所編：《儒家思想的現代詮釋》，頁201-206。

43 同上註，頁206。

性善說與民主政治

1

　　五十年代，在當代新儒家與中國自由主義者之間曾展開有關中國傳統文化(尤其是儒家傳統)與民主政治的論戰。這場論戰主要發生在第二代中國自由主義者殷海光、張佛泉等人與第二代當代新儒家徐復觀、唐君毅、牟宗三等人之間 [1]。爭論之焦點並不在於中國是否該採行民主政治，因爲雙方基本上都同意中國應採行由英、美首先建立，而後逐漸在西方推展開來的議會民主制度。儘管雙方有這個共同的前提，但由於他們對民主政治的哲學基礎有不同的理解，他們對中國傳統文化與民主政治的關係便形成了極爲不同、甚至相互對立的看法。

　　研究近代西方民主思想的學者大體將其發展源流歸約爲兩

---

1 關於這場論戰的始末及所涉及的問題，請參閱拙作〈徐復觀與殷海光〉，收入拙著：《當代儒學之自我轉化》(臺北：中央研究院中國文哲研究所，1994年)。

個大傳統：其一由盧梭(Jean Jacques Rousseau)開其端，經法國思想家之鼓吹而導致法國大革命，其後再由德國理念論(Deutscher Idealismus)加以繼承，而延伸到馬克思；其二由洛克(John Locke)開其端，經英國自由主義思想家與美國開國諸元老之鼓吹，奠定了英、美兩國之民主宏規。英國政治學家塔爾蒙(J. L. Talmon)將第一個傳統所代表的民主觀稱爲「極權民主」(totalitarian democracy)或「政治彌賽亞主義」(political messianism)，而將第二個傳統所代表的民主觀稱爲「自由民主」(liberal democracy)[2]。當作探討思想史源流的線索來看，這樣的畫分大體合乎實情，也爲大多數思想史家與政治學家所接受(當然在個別人物之歸屬上可能有爭議)。可是他加諸第一個民主傳統的稱號卻帶有冷戰時期的意識形態烙印，不無誤導之嫌。爲了避免這種誤導與預存立場，我們不妨採用中性的字眼，將這兩個民主傳統分別稱爲「歐陸傳統」與「英美傳統」。

就哲學背景而言，歐陸傳統較富於思辨性，與形上學關係密切，而且往往採取理性論或先天論(apriorism)底立場；英美傳統通常從常識出發，與形上學較爲疏遠，而且往往採取經驗論的立場。就理論內涵而言，歐陸傳統以「人民主權」的概念爲核心，英美傳統則側重「政治契約」的概念。但這是就這兩個概念在這兩種民主觀中的相對重要性而言，而不是說：歐陸傳統不包含契約論，或者英美傳統不涉及「人民主權」的概念。

---

2 塔爾蒙寫了兩部名著，探討第一個民主傳統，分別爲 *The Origins of Totalitarian Democracy*（London: Secker & Warburg 1952）和 *Political Messianism: The Romantic Phase*（London: Secker & Warburg 1960）.

或許我們還可根據英國政治學家薩拜因（George H. Sabine）的說法再加上一點：歐陸傳統偏重平等，英美傳統則偏重自由[3]。

　　當代新儒學與中國自由主義間的差異基本上便反映了歐陸傳統與英美傳統間的差異。眾所周知，在論戰中代表自由主義的殷海光先生是邏輯經驗論的信徒，而在新儒家這方面，唐君毅、牟宗三、徐復觀等人深受近代德國哲學（尤其是德國理念論）之影響。由英、美的民主傳統出發，中國的自由主義者將民主制度理解為政治契約之產物，契約的內容表現為人權清單。張佛泉先生所謂「自由即諸權利」即代表這種想法。對他們而言，「自由」與「民主」並不需要形上學基礎，因而政治自由也不需要以意志自由（道德意義的自由）為基礎。他們認為：讓意志自由之類的形上學問題涉入政治理論中，會模糊道德與政治間的界線，使極權主義有可乘之機。反之，新儒家從歐陸的民主傳統出發，認為民主政治是道德價值之體現，故堅持政治自由必須以意志自由為基礎，否則便是無源之水、無根之木。

　　這種差異反映在關於中國傳統文化與民主政治的問題上，便形成另一個爭論焦點：中國傳統文化（尤其是儒家傳統）究竟是在中國推展民主政治的阻力還是助力？對於自由主義者而言，中國過去既然未發展出民主制度，而只產生君主專制，則在中國傳統文化中顯然包含不利於民主政治的因素；故要在中國建立民主制度，就得揚棄中國傳統文化（或至少其核心）。反

3　參閱 George H. Sabine: "The Two Democratic Traditions", *The Philosophical Review*, Vol. 61（1952），pp.451-474.

之，新儒家則認爲：專制政治並不代表中國傳統文化（至少就儒、道兩家而言）之調適發展，而是其生命受到扭曲後的結果，只有民主政治才能暢通其生命，實現其內在要求。因此，在他們看來，要在中國建立民主制度，不但不必揚棄中國傳統文化，反而應當順成其內在要求，發揮其中的有利資源。

到了六十年代末、殷海光先生逝世前，他對中國傳統文化與民主政治的看法已有轉變的跡象。由於他當時已病入膏肓，故未留下相關的著作，供我們了解這種轉變的具體內容。但是由其友人及弟子的報導，我們大致仍可以肯定：他已不再將中國傳統文化與民主政治視爲對立而不可調和[4]。這意謂：他與新儒家之間的共識有所增加，而其思想差距進一步縮小了。

逮至中國自由主義的第三代，這種差距更進一步縮小了。殷先生的弟子林毓生和張灝都承認傳統儒家思想中含有一些思想資源，在經過「創造性轉化」之後，可以助成民主政治之建立與發展。在儒家傳統與現代化的問題上，張灝先生提出「以傳統批判現代化，以現代化批判傳統」的口號，正面肯定了儒家傳統在現代化過程中的批判性功能[5]。在一次訪談當中，他甚至表示：「〔…〕德意志觀念論〔按：即德國理念論〕不一定會產生意識形態上的極權主義，同樣的，新儒家在哲學觀念上有與德國觀念論相通之處，並不意味著它一定會產生那一種政治意識形

---

4 參閱拙著：《當代儒學之自我轉化》，頁122-126。
5 參閱張灝：〈傳統與現代化——以傳統批判現代化，以現代化批判傳統〉，收入其《幽暗意識與民主傳統》（臺北：聯經出版公司，1989年）。

態。」[6] 相對於殷先生曾嚴厲批評「玄學的文化主義者」(指新儒家)「襲取黑格爾的發展程序,執著菲希特的唯我主義,強調主體主義,托起康德的架構〔…〕」[7],其轉變實不可謂不大。

　　儘管第三代中國自由主義者經歷了這番轉變,可是他們與當代新儒家之間仍存在著一些原則性的歧見。依筆者之見,其中最主要的分歧在於「內聖外王」的思想架構。新儒家固然明白這套思想架構在中國過去的歷史條件下至多只能形成「聖君賢相」的政治格局,但是他們並未放棄這套思想架構,而是藉「良知的自我坎陷」之說重新加以詮釋,使它可以與現代的民主思想相接榫[8]。儘管如此,林毓生先生仍不能接受這種詮釋,故曾撰文批評新儒家的「儒學開出民主」說[9]。不過,相對於第二代自由主義者,第三代自由主義者對儒家思想的質疑重點顯然有了轉移。他們不再追問:儒家思想有什麼因素阻礙民主政治之建立與發展?而是追問:儒家思想究竟欠缺什麼因素,以致無法發展出民主政治?這種提問方式或許正是受到德國社會學家韋伯(Max Weber)的資本主義理論之啓發。譬如,林毓生和張灝二人都強調傳統儒家「內在超越性」思想中的超越意識之

---

6 張灝:《幽暗意識與民主傳統》,頁221。

7 殷海光:〈跟著五四的腳步前進〉,《自由中國》,第18卷第9期(1958年5月1日),頁4。

8 參閱拙著:《儒學與現代意識》(臺北:文津出版社,1991年),頁104-115。

9 林先生之文〈新儒家在中國推展民主的理論面臨的困境〉收入其《政治秩序與多元社會》(臺北:聯經出版公司,1989年)一書中。筆者曾針對此文,撰寫〈儒學如何開出民主與科學?〉一文,收入拙著《儒學與現代意識》中。

不足或局限，以爲這是中國傳統文化無法發展出民主政治的一項重要因素 [10]。此外，張先生還提出了「幽暗意識」的概念，藉以解釋中國傳統文化無法發展出民主政治之故。這種說法從另一方面反映了中國自由主義與當代新儒家之間仍然存在的基本分歧點，很值得我們進一步加以探討。

2

上文已說過，張先生的「幽暗意識」概念及其中所涵的問題意識是韋伯式的。眾所周知，韋伯將基督新教的倫理觀視爲西方資本主義形成之重要動力。在另一方面，他將其他文化(例如中國文化)之所以未形成資本主義歸因於這種動力之欠缺。張先生也採取了類似的思考模式。他在《幽暗意識與民主傳統》一書中強調：近代西方(特別是英、美兩國)之所以產生民主政治，與其基督教傳統中所隱含的「幽暗意識」有密切的關係 [11]。在另一方面，他將中國過去之所以未產生民主制度歸因於這種意識之不足，或者說，未發揮足夠的力量。

在進一步討論他的說法之前，我們最好先借用他自己的話來解釋「幽暗意識」這個概念的涵義：

> 所謂幽暗意識是發自對人性中或宇宙中與始俱來的種

---

10 參閱林毓生的〈新儒家在中國推展民主的理論面臨的困境〉一文及張灝的〈超越意識與幽暗意識〉一文。後者收入其《幽暗意識與民主傳統》一書中。

11 本文所使用的「基督教」一詞，相當於英文裡的Christianity一詞，並非特指有別於天主教的新教。

種黑暗勢力的正視和省悟：因為這些黑暗勢力根深柢
固，這個世界才有缺陷，才不能圓滿，而人的生命才
有種種的醜惡，種種的遺憾。[12]

他特別注意到英國清教徒在近代英、美立憲運動中所發揮的作
用，而將英、美自由主義中所隱含的幽暗意識歸源於基督教的原
罪說，並且指出其兩項功能：第一，由於基督教不相信人在世間
有體現至善的可能，儒家的「聖王」思想、柏拉圖的「哲工」思
想，以及類似的思想都很難在基督教傳統裡產生；第二，由於對
人性的不信任，基督教傳統有重視客觀法律制度的傾向[13]。

　　張先生並不否認在儒家傳統中也有幽暗意識。他甚至強調：
「在儒家傳統中，幽暗意識可以說與成德意識，同時存在，相為
表裡的。」[14] 在他看來，儒家的幽暗意識不僅包含於荀子的性惡
說之中，也包含於孔、孟及宋、明儒的人性論之中。他更指出：
孟子的幽暗意識與其性善說所表現的「樂觀人性論」相伴而生。
他之所以名之為「樂觀人性論」，是因為孟子對成德問題採取正
面進路，強調人有天生的善端，只要加以擴充，便可成德，即所
謂「人皆可以為堯、舜」[15]。依張先生的看法，這種「樂觀人性
論」事實上貫穿整個儒家傳統的主流，而造成儒家與基督教在幽
暗意識之表現方式與理論意涵上的明顯歧異：

---

12 張灝：《幽暗意識與民主傳統》，頁4。
13 同上註，頁7-8。
14 同上註，頁19。
15 同上註，頁20。

基督教是作正面的透視與直接的彰顯，而儒家的主流，
除了晚明一段時期外，大致而言是間接的。而這種表現
的不同，也說明了二者之間另一基本的歧異〔…〕基督
教因為相信人之罪惡性是根深柢固，因此不認為人有體
現至善之可能；而儒家的幽暗意識，在這一點上始終沒
有淹沒它基本的樂觀精神。不論成德的過程是多麼的艱
難，人仍有體現至善，變成完人之可能。[16]

張先生進一步指出：這種樂觀精神決定了儒家政治思想之基本
方向，而產生「聖王」和「德治」的思想。「因為原始儒家從
一開始便堅持一個信念：既然人有體現至善，成聖成賢的可能，
政治權力就應該交在已經體現至善的聖賢手裡，讓德性與智慧
來指導和駕馭政治權力。」[17]而正是在這一點上，張先生以為
找到了「中國傳統為何開不出民主憲政的一部份癥結」[18]。

這種看法在國內學者(特別是那些主要根據英美傳統來理解
民主政治的學者)當中實不乏同調，可說相當具有代表性。譬如，何
信全先生在一篇討論徐復觀先生的政治哲學之論文中便評論道：

西方近代自由主義思想家對政治生活中的人性，抱持
悲觀態度，因此導出法治觀念，要透過法制的安排，
來限制政治人(political man)為惡。然而儒家對政治生
活中的人性，則抱持樂觀態度。此種樂觀態度，表現

---

16 同上註，頁27-28。
17 同上註，頁28。
18 同上註，頁29。

在由性善論推導出德治。德治一方面相信一般人民可以「導之以德」，猶如「草上之風必偃」；另一方面亦相信政治人物會「為政以德」、「子帥以正」。在這種政治生活中天理必勝人欲底樂觀預期之下，使得法治觀念毫無落腳之處。〔…〕對人性過於樂觀，使儒家政治哲學難以轉出人治的格局，這不能不說是性善論的一項負面效應。[19]

其實，在某種意義下，這種看法可以上溯至梁漱溟先生。梁先生在《中國民族自救運動之最後覺悟》一書中論及中國人在政治上有兩條不通之路，一是「歐洲近代民主政治的路」，二是「俄國共產黨發明的路」。他並不否認歐洲近代民主制度之合理性，但他認為這套制度無法移植到中國來。他分別從三方面來說明其無法移植的原因：第一，中國的民主運動是少數知識分子的摹仿運動，而非出於多數人民的真實要求；第二，物質條件不合；第三，精神不合。在這些原因當中，他認為最重要的是「精神不合」，這使得民主制度在中國永遠不得成功[20]。他所謂的「精神不合」共有四點，其中第三點是：

歐洲人以其各自都往外用力，向前爭求的緣故，所以

19 何信全：〈在傳統中探尋自由民主的根源——徐復觀對儒家政治哲學之新詮釋〉，見李明輝編：《當代新儒家人物論》（臺北：文津出版社，1994年），頁273。

20 參閱梁漱溟：《中國民族自救運動之最後覺悟》，見《民國叢書》（上海：上海書店，1992年），第4編，第14冊，頁131。此書係根據上海中華書局1933年版影印。

在他制度裡面，到處都是一種彼此牽掣彼此抵抗，互
為監督，互為制裁，相防相範，而都不使過的用意；
人與人之間，國家機關與機關之間，人民與國家機關
之間，都是如此。這在他，名為「箝制與均衡的原理」
（Principle of checks and balance）。所謂政治上三權分
立，就是這個意思；其他之例，在政治制度上，在一
般法律上，不勝枚舉。中國人於此尤不適用。用在中
國政治上，則惟有使各方面互相搗亂而已。記得十七
年春上張難先先生曾給李任潮先生同我一封信，說中
國政治制度，以人性善為根據；西洋政治制度以人性
惡為根據。在西洋總怕你為惡，時時防制你；在中國
以人為善，樣樣信任你，付予大權。因而深歎好人在
今世之無法行其志。這話未必全對；不過在西洋制度
裡面，隱含著不信任對方人之意則甚明。[21]

我們不難看出：這段話包含了張灝先生上述的主要論點。不過，
在此必須注意的是：梁先生係從民族性之差異來說明中國人移植
民主制度無法成功之故，而非在理論上斷定中國文化與民主政治
不相容。所以，他在說明了「所謂精神不合者其三」之後，更畫
龍點睛地表示：「其實將來中國的民治並不是不能有；但決不如
近世西洋人從自己本位向外用力，寄民治於彼此對抗互爲防遏之
上，此我可斷言者。」[22] 這無異於承認：民主政治可以有另一套

---

21 同上註，頁144-145。
22 同上註，頁154。

理論基礎；而這正是當代新儒家第二代所欲證成者。

3

在1958年元月由唐君毅、牟宗三、張君勱、徐復觀四人聯名
發表的〈為中國文化敬告世界人士宣言〉第八節有如下的一段話：

> 我們說中國文化依其本身之要求，應當伸展出之文化
> 理想，是要使中國人不僅由其心性之學，以自覺其自
> 我之為一「道德實踐的主體」，同時當求在政治上，
> 能自覺為一「政治的主體」，在自然界，知識界成為
> 「認識的主體」及「實用技術的活動之主體」。這亦
> 就是說中國需要真正的民主建國，亦需要科學與實用
> 技術，中國文化中需接受西方或世界之文化。[23]

儘管在整個宣言中並未明白地說出，但凡是了解他們四人所代
表的思想方向者均可由此推知：這段話其實隱含著另一套民主
理論，即建立在性善說之基礎上的民主理論。這不難由他們的

---

23 此宣言原刊於《民主評論》第9卷第1期（1958年1月5日）及《再生》第1
卷第1期（1958年1月），後收入張君勱著、程文熙編：《中西印哲學文
集》（臺北：臺灣學生書局，1981年），以及張君勱：《新儒家思想史》
（臺北：張君勱先生獎學金基金會，1980年）（附全文英譯）；亦以〈中
國文化與世界〉之名收入唐君毅：《中華人文與當今世界》（臺北：臺
灣學生書局，1975年），以及唐君毅：《說中華民族之花果飄零》（臺
北：三民書局，1974年）。這段話見於唐君毅：《中華人文與當今世界》，
頁896。

其他著作得到證明。以下筆者即分別就牟宗三、徐復觀、唐君毅三人的相關見解來證明這點。

牟宗三先生一貫主張：自由主義需要有理想主義的根據。他有一篇文章即名爲「自由主義之理想主義的根據」[24]。他在《道德的理想主義》一書中明白地表示：

> 〔…〕「自由民主」一原則必須靠一個更高一層的較爲積極而有力的文化系統來提挈它，維護它。〔…〕這個更高一層，更積極而有力的文化系統，就是儒家的文化系統，其核心思想就是理性主義的理想主義，簡言之，就是道德的理想主義，切實言之，就是道德實踐理性之理想主義。[25]

他所謂「理性主義的理想主義」或「道德的理想主義」，正是預設了性善說。這可證諸同書的另一段文字：

> 絕對的善，是稱「怵惕惻隱之心」而發的。由此所見的理性是理想的。由此吾人極成理性主義的理想主義，或理想主義的理性主義。怵惕惻隱之心，同時是心，同時也就是理。此心理合一之心，就是儒家所說的「仁」。孟子即于此言性善。王陽明于此言良知。康德於此言「善意」。吾人如不說人性則已，如要說人性，必須從此心理合一的仁處言人的性，了解人的性。孟子就是剋就這個「性」

---

24 此文收入牟宗三：《生命的學問》（臺北：三民書局，1970年）。
25 牟宗三：《道德的理想主義》（臺北：臺灣學生書局，1978年），頁22。

而言善，康德亦就是剋就這個性而言絕對的善意。[26]

根據這段文字，「理性主義的理想主義」並不限於以性善說為依據的傳統儒家，也包含康德在內（當然主要是就其實踐哲學而言）。

此處有一個問題須加以分疏，此即康德與性善說之關係。由於康德有「根本惡」（das radikale Böse）之說，他往往被視為性惡論者，與肯定人性之善的儒家適成對比[27]。但是問題並非如此簡單。如果我們要對這個問題有恰當的了解，就不能僅停留在字面的意義上。誠如不少學者所指出的，只要將立論的層面畫分清楚，荀子的性惡說與孟子的性善說未必在邏輯上構成矛盾。因為荀子係就自然之性（氣性）提出性惡說，孟子則是就超越之性（本心、良知）提出性善說。

康德的「根本惡」說與孟子的性善說也有類似的關係，因為康德係從自然生命的層面──按他自己的說法，從「實踐人類學」的層面──提出「根本惡」的概念。但即使就這個層面而說康德是個性惡論者，亦失之片面，因為他在這個層面上也肯定有三種「在人性中向善的原始稟賦」，此即「關於人（作為一個有生命的存有者）底動物性的稟賦」、「關於人（作為一個有生命且同時有理性的存有者）底人情性（Menschheit）的稟賦」、以及「關於人（作為一個有理性且同時能負責的存有者）底人格性的稟賦」[28]。

---

26 同上註，頁19。

27 參閱Julia Ching（秦家懿）: "Chinese Ethics and Kant", *Philosophy East and West*, Vol. 28, No. 2（April, 1978）, p. 170.

28 *Religion innerhalb der Grenzen der bloßen Vernunft*, in: *Kants*

而且他認為：這些稟賦「不僅（在消極方面）是**善的**（它們與道德法則不相牴牾），也是**向善**的稟賦（它們有助於遵守道德法則）」[29]。

此處的問題是：是否在超越的層面——按康德的說法，在「道德底形上學」之層面——康德亦肯定孟子性善說的基本意涵？孟子的性善說基本上包含以下諸義[30]：

(1)此說肯定人有一個超越自然本能的道德主體，即本心（或良知），而本心是道德法則（仁、義、禮、智）之根源與依據，故是純善。孟子即由此提出「仁義內在」之說。

(2)此說並不否認自然之性（小體）的存在，但同時肯定本心具有超脫於自然本能（耳目之官）之制約而自我實現的力量，這種力量是道德實踐之最後依據。

(3)本心可以在人的意識中直接呈現，表現為惻隱、羞惡、辭讓、是非等心。

(4)此說並不否定「道德之惡」的現實存在，它將「道德之惡」的產生歸諸本心因自我放失而為外物所牽引。但是「道德之惡」的存在並不足以否定本心之善，因為即使人陷溺於惡，其本心仍保有超脫於此惡的力量。

Gesammelte Schriften（Akademieausgabe,以下簡稱為*KGS*), Bd. 6, S. 26.

29 同上，S. 28。 關於康德「根本惡」的確切涵義及其與孟子性善說之關係，請參閱拙作〈康德的「根本惡」說——兼與孟子的性善說相比較〉，收入拙著：《康德倫理學與孟子道德思考之重建》（臺北：中央研究院中國文哲研究所，1994年）。

30 關於孟子性善說的意涵，請參閱拙著：《康德倫理學與孟子道德思考之重建》，尤其是第6至8章。

(5)此說固然肯定道德教育與道德修養之必要，但是道德教育與
　　道德修養之目的不在於學習外在的規範，而在於護持或擴充
　　本心之力量，使它不致放失。

　　在康德的哲學系統中，作為道德主體而相當於本心之地位
的是「純粹實踐理性」或「善的意志」（牟先生所說的「善意」）。
依康德的用語習慣，這兩個概念是指同一物，即人的道德主體。
以上性善說所涵的諸義，除了第三項之外，均見於其「純粹實
踐理性」或「善的意志」之概念中 [31]。只是康德並未就此「純
粹實踐理性」或「善的意志」建立一套人性論。在另一方面，
孟子也不曾像康德那樣，進一步去探索「道德之惡」在人性中
的根源。就此而言，孟子的性善說與康德的「根本惡」說並非
對立的，而是互補的。但更重要的是，就超越的層面而言，孟
子與康德之間顯然所同遠勝於所異。這足以解釋，何以牟先生
亦將康德歸諸「理性主義的理想主義」。

　　徐復觀先生亦肯定性善說與民主政治之理論關聯。他對這
個問題最明確的闡述見於其〈孔子德治思想發微〉一文。他在
此文開宗明義便表示：

　　　極權主義和殖民主義對中國來說，他們在文化上有一
　　　共同之點，即是都徹底反對以孔子為中心所展開的中
　　　國傳統文化。極權主義之所以如此，是因為中國文化，

---

31 請參閱拙作〈孟子與康德的自律倫理學〉、〈再論康德的自律倫理學〉
　　及〈孟子的四端之心與康德的道德情感〉，俱收入拙著：《儒家與康
　　德》（臺北：聯經出版公司，1990年）。

係立基於性善思想之上；這便眞正把握到了人類尊
嚴、人類平等、及人類和平相處的根源；當然也是政
治上自由民主的根源。[32]

從這個前提出發，他對民主政治與儒家政治思想的理解均與張
灝先生大異其趣。就民主政治底本質而言，他認爲：「一切的
極權政治，皆來自對人的不信任；而民主政治的真正根據，乃
來自對人的信任。」[33] 這與張灝先生強調民主政治與幽暗意識
之關聯，正好形成鮮明的對比。

再就儒家德治思想的意義而言，張先生以《大學》所提供的
模式爲例，來說明其基本內容：「大致而言，這個模式是由兩個
觀點所構成：一、人可由成德而臻至善。二、成德的人領導與推
動政治以建造一個和諧的社會。而貫穿這兩個觀點的是一個基本
信念：政治權力可由內在德性的培養去轉化，而非由外在制度的
建立去防範。」[34] 但是徐先生所理解的「德治」卻有極爲不同的
意義。對他而言，儒家的「德治」係針對刑治而提出，其重點在
於限制統治者的權力，防止他們以自己的好惡爲標準去統治人
民，這便與民主政治的精神相通[35]。他在〈孟子政治思想的基本
結構及人治與法治問題〉一文中也極力澄清「儒家不重法治與制

---

32 徐復觀著、蕭欣義編：《儒家政治思想與民主自由人權》（臺北：臺灣
　學生書局，1988年），頁99。
33 同上註，頁110。
34 張灝：《幽暗意識與民主傳統》，頁28。
35 何信全先生對徐先生所理解的德治思想有極扼要的闡述，請參閱其〈在
　傳統中探尋自由民主的根源──徐復觀對儒家政治哲學之新詮釋〉，第
　2及3節。

度」的流行看法，認為儒家係人治與法治並重 36。當然，張先生可能會說：這種制度僅是「現存的行政制度及其附麗的禮樂制度，而非基本的政治制度」37。事實上，徐先生也同意這點，因為他並未將儒家的德治直接等同於民主政治。不過他特別強調：「德治思想實通於民主政治，也要在徹底地民主政治中才能實現。」38 這是當代新儒家與中國自由主義之間的一個基本分歧點，因為對於張先生之類的自由主義者而言，德治思想就像柏拉圖的「哲王」思想一樣，並非通往民主政治的階梯，而是其岔路。

唐君毅先生不但主張民主政治必須建立在性善說之基礎上，甚至指出西方自由主義在理論上的矛盾。他在《人文精神之重建》一書中申明此義：

〔…〕我們有種種理由說，儒家之自由平等精神，較西方文化中所孕育出之自由平等精神，有其一偉大之處〔…〕。即儒家所言之人性，自其最深之根言，乃與天合德，純善而無惡。不似西方之言人性，自希臘希伯來以來，即有原始罪惡之說。因而在其宗教精神中，人接觸上帝，雖可使人精神超升於世間，而人對神終不能無渺小之感。由人之過於謙卑，而自視其自身全是罪，人即不能真頂天立地而立起；而間接使人處處若需要一外

36 參閱徐復觀：《儒家政治思想與民主自由人權》，頁127-132。
37 張灝：《幽暗意識與民主傳統》，頁31。
38 同上註，頁120。

在的制裁，才能為善。因而人亦可由此以肯定政治上專
制之必須。如馬克維利、霍布士，便都是由人性之卑賤
與自私，而主君主之運用權術與專制者。而西方近代之
極權主義之根，即馬克維利之思想〔…〕馬克維利深知
人性之卑賤，故要統治者學獅之猛與狐狸之狡，要為人
民所恐懼。由馬克維利至慕沙里尼、希特勒、史大林正
是一貫相承。而儒家思想之引伸的涵義，則以人性原與
天合德。一切政治教化，止於助人之顯發生長其本有之
人性為止，再不能另有所為。因而在原則上，否定了一
切專制之理論根據。[39]

這無異是對上述「幽暗意識」說的直接否定。就邏輯而言，如果
說人性不可靠，故需要建立民主制度，來防範統治者濫用權力，
那麼從同一前提出發，極權統治者也有理由要求建立一套嚴密的
監控制度，來防止人民越軌。徐復觀先生所說：「一切的極權政
治，皆來自對人的不信任」，便是這個意思。在中國先秦時代，
荀子的性惡說後來發展成韓非子的極權理論，殆非偶然。

4

　　自從張先生提出「幽暗意識」之說以來，國內學術界對此
說似乎接受者多，批評者少。但是由上節所引牟、唐、徐三人

---

39 唐君毅：《人文精神之重建》（臺北：臺灣學生書局，1988年），頁
　416-417。

的觀點看來，此說並無法避開新儒家之批評。近年來，大陸學
者胡平先生針對此說，發表了〈儒家人性論與民主憲政——與張
灝教授商榷〉一文。依筆者之見，此文在這個問題上表現了罕
見的睿識，值得特別加以推介。

胡先生在文中首先強調：基督教和儒家對人性的看法並不像
張灝先生所說的，有如此深刻的區別；這種區別與其說是在內容
上，不如說是在字面上。其理由在於：基督教係根據神的標準來
界定至善，儒家則是根據人的標準來界定至善；標準既懸殊，雙
方對人性自然會有不同的評價。但究其實，雙方都承認人性有
善、惡兩面，可以通過道德修養，不斷地以善念抑制惡念。[40]

胡先生所提出的第二項論點是：儒家並非不懂從制度上對權
力加以防範，只是防範的對象未包括皇帝在內。這點也是新儒家
（尤其是徐復觀先生）所一再強調的。但是胡先生進一步指出：

> 大體上說，儒家的人性論是一種普遍性的理論。這就和
> 中國古代的專制制度發生尖銳的矛盾：既然人性皆有兩
> 面，因此需要制度來防止惡的一面，為什麼唯獨皇帝一
> 人例外？倘說「人皆可以為堯舜」，只要加強修養即可，
> 無需乎什麼制度來擔保，為什麼群臣的權力又要受到種
> 種制衡？〔…〕由此可見，中國古代未出現民主憲政，
> 那和儒家人性論倒未見有什麼必然關聯。[41]

---

40 參閱胡平：〈儒家人性論與民主憲政——與張灝教授商榷〉，《中國
　論壇》，第374期（1991年11月），頁111-112。

41 同上註，頁112。

胡先生的這兩項論點道出了一個在比較文化的領域中常見的錯誤，即過分誇大不同文化間的差異。當張灝先生強調「聖王」與「哲王」的觀念因爲與幽暗意識相牴牾，很難在基督教傳統裡產生時 [42]，我們也可以提出西方的「教皇無誤」論與「朕即國家」論作爲反證。畢竟，極權主義的思想與制度並非某一特定文化之專利。

胡先生所提出的第三項論點是：儒家的「聖王」思想雖不同於民主政治，但與民主政治卻不一定矛盾。他認爲：儒家政治思想之弱點不在於推崇聖王，而在於未設計出一套辦法來確保此一理想之實現；逮發現其難於實現時，又提不出一套替代方案來。因此，針對張先生批評儒家無法防止統治者被權力所腐化，他一語中的地指出：

> 〔…〕儒家推崇聖王理想，本來就應該回答「用什麼可靠的方法使聖賢當上皇帝」和「如果皇帝不是聖賢又將如何是好」這一系列問題的。儒家沒有深入思考和令人信服地回答上述問題，這當然是儒家思想的大缺陷。但是這個缺陷，〔…〕與其說它是儒家人性論和聖王理想的邏輯結果，不如說是它們的不邏輯的結果、半途而廢的結果更準確些。[43]

這與徐復觀先生所說：「德治思想實通於民主政治，也要在徹

---

42 張灝：《幽暗意識與民主傳統》，頁8。
43 胡平：〈儒家人性論與民主憲政〉，頁113。

底地民主政治中才能實現」，實可相互呼應。

對於「儒家何以會接受君主專制制度」這個一再被提出的問題，胡先生也提供一個狀似詭辯、但卻頗切合實際的答案：

〔…〕嚴格地說這句話是有語病的。因為它暗示著儒家「選擇」了君主專制，而「選擇」意味著有兩種或兩種以上的選擇對象。然而真正的問題在於，在儒家的經驗中只存在著君主專制這種唯一的現實對象。生活在中國古代的知識分子，何嘗不知道現實政治的種種弊病，何嘗不清楚現實政治距離其聖王理想相去甚遠。但是他們別無選擇。儒家之所以贊成設立一個高高在上的專制君主，不是因為他們迷信君主是聖人，而是出於建立社會秩序的需要。儒家之所以沒有提出過對最高權力實行分立與制衡的辦法，不是因為他們認定皇帝都是完人，因此用不著對他的權力加以限制；而是因為囿於經驗，儒家實在想不出還會有這樣一種巧妙的安排，一方面能對最高權力加以必要的限制以防止他胡作非為（就像對大臣的權力加以限制一樣），另一方面同時又不至於引起混亂和失序。儒家之所以贊成皇位世襲，也決不是因為他們相信皇帝的子孫必定都英明超人，而是因為他們以為非如此則不能保證最高權力的平穩交接。在認可了這一切之後，儒家發現，他們所能對最高權力施加的影響便只剩下了一種方式，那就是造成一種道義的力量，力

求皇帝儘可能的開明一些。如此而已。[44]

同樣的，新儒家也一向認為：君主專制並非出於儒家內聖之學的要求，而是在現實的歷史條件下不得已的選擇（在混亂失序與君主專制之間的選擇）[45]。徐復觀先生對這個問題尤其闡發不遺餘力，他討論中國政治思想的幾篇重要論文幾乎均環繞著這個主題。譬如，他在其〈中國的治道——讀陸宣公傳集書後〉一文中便深刻地指出中國傳統政治思想中「二重主體性」的矛盾，這就是說：中國傳統的政治思想除了法家之外，基本上都以人民為主體，但是在現實的君主專制制度中卻是以人君為主體，因而形成一種無法化解的根本矛盾[46]。

由此便觸及一個極具關鍵性的問題：儒家未發展出民主制度，其主要原因究竟在於其思想本身之缺陷？還是在於歷史條件之局限？胡先生和新儒家將其原因主要歸諸後者。譬如，牟宗三先生曾指出：西方文化之所以產生民主政治，階級對立是個重要的歷史機緣；中國過去因無階級對立，也就欠缺了促成民主政治的一項重要機緣[47]。唐君毅先生則歸因於中國文化欠缺因文化多元性而產生的衝突，以致欠缺社會中各種社團之對峙，而無法逼出對個人自由的迫切需要[48]。徐復觀先生亦明白指出：

---

44 同上註，頁116-117。

45 參閱〈為中國文化敬告世界人士宣言〉第9節「中國文化之發展與民主建國」。

46 此文亦收入其《儒家政治思想與民主自由人權》一書中。

47 參閱牟宗三：《歷史哲學》（臺北：臺灣學生書局，1976年），頁181-185。

48 參閱唐君毅：《人文精神之重建》，頁413-415。

〔…〕西方以議會為中心的民主制度，是在幾萬人口
的城邦國家中自然產生的。中世紀若干小的城市，也
自然而然的採用了這種制度，都不是從思想家的理想
中產生的。在近代以前，在西方的政治思想中，只認
為民主制度，是許多政治制度中之一種，並不曾把它
當作最好的政治制度。把它當作理想的政治制度而加
以追求，乃經過了一段國王專制以後的啟蒙運動後期
的事情。則在土地廣大的農業社會基礎上，二千年前
不能產生健全的民治制度的思想，是可以理解的。[49]

胡、牟、唐、徐等人，不論他們如何解釋中國過去未發展出民
主政治的原因，顯然均歸諸歷史因素（至少就主要原因而論）。

張灝先生對這個問題的看法則大異其趣。他在〈超越意識
與幽暗意識〉一文的結尾隱然針對新儒家的觀點評論道：

〔…〕今日一些學者對「內聖外王」這一觀念所作的
一些闡釋是很可商榷的。他們認為：儒家傳統的「內
聖之學」已經臻於完備，而傳統的癥結是在於外王之
學的偏限。由於這偏限，內聖之學的精義無以暢發與
彰顯。但是，〔…〕內聖和外王也是兩個相互依存，
無法分開的理念。因此，傳統儒家不能在政治思想上
開出民主自由的觀念，我們不應只歸咎於儒家的外王
思想。實際上，根據我在上面所作的分析，外王思想

---

49 徐復觀：《儒家政治思想與民主自由人權》，頁126。

　　的局限是與內聖思想的偏頗有密切的關聯。[50]

將這段話配合他上述的說法來看，顯然他認爲：傳統儒家由於其內聖思想之缺陷，無法發展出民主的理念，因而也無法建立民主制度。但如前面的分析所顯示，他在儒家的內聖思想中所見到的缺陷，與儒家未能發展出民主的理念與制度未必相干，其解釋自然也不具說服力。

　　此外，張先生在此還犯了思想史家常犯的一種錯誤，即是不自覺地將思想在歷史中的發展過程等同於其邏輯推展的過程。如果儒家的性善說與民主的理念在邏輯上並非不相容，我們就應該在思想領域之外去尋求儒家未能發展出民主的理念與制度之原因（至少其主要原因）。就這個問題而言，胡先生的看法似乎更有說服力：

　　　　我當然不是說，如果沒有西方的影響，中國自己就絕對
　　　　不可能自發地產生民主憲政。這種可能性當然是有的。
　　　　不過那將是一個複雜、緩慢和逐漸累積的演變過程。其
　　　　間包括有社會、政治、經濟和文化等多方面的變化和相
　　　　互作用。有些變化具有「不期然而然」的特性，也就是
　　　　說，有些變化並不是當事人抱有自覺的思想意圖的直接
　　　　產物，但無意之間卻造成了某種民主憲政的客觀效應，
　　　　從而刺激了民主憲政思想的發生，然後這種思想又反過

---

50 張灝：《幽暗意識與民主傳統》，頁77。

來進一步地引出了人們有目的的改革活動。[51]

只要對西方近代民主政治的發展稍有了解的人都會承認：西方近代民主制度之建立並不是民主思想之直接產物，而是一個多面相的歷史發展之結果，這其間涉及各種複雜的社會、政治、經濟、文化等因素，思想只不過是其中的一項決定因素而已。幽暗意識或許在英、美近代民主政治的發展過程中基於特殊的歷史機緣而發揮了催化作用，但這決非意謂：它是民主思想的一項必要前提。否則，我們也可以基於民主思想起源於古希臘城邦的事實，而推斷城邦制是民主思想之必要前提。這當然是說不通的。

5

當代新儒家肯定性善說與民主政治在理論上的關聯，和他們強調政治自由需以道德自由為基礎，均代表一種與英、美民主傳統大異其趣的民主理論。這種民主理論在西方亦有同調，筆者在此特別援引康德的民主理論為例。

康德的民主理論在中國幾乎無人注意，在西方也長期受到忽視。由於康德在其政治哲學中明白地否定人民的抵抗權，強調人民主權，主張政治須以道德為基礎，他在西方往往被視為「開明專制」或「極權民主」的理論家。最近德國學者懋思（Ingeborg Maus）撰寫了《論民主理論之啟蒙》一書[52]，大力為

---

51 胡平：〈儒家人性論與民主憲政〉，頁117。

52 Ingeborg Maus: *Zur Aufklärung der Demokratietheorie*（Frankfurt/M: Suhrkamp 1992.）

康德的民主理論平反。她在書中對康德的民主理論作了極有深度的重構，並且澄清了不少流行的誤解。本文自然無法詳細討論康德的民主理論，而只能簡單地勾勒出這套民主理論的基本特徵，以與新儒家的民主理論作個比較。

康德係按照古典的意義來使用「民主」一詞，也就是將它理解為一種統治形式（forma imperii），故依統治者的人數區分專制政體、貴族政體和民主政體 [53]。在他的用語裡，相當於今日的「民主」概念的，反倒是「共和主義」（Republikanism）一詞。這是一種與「獨裁主義」（Despotism）相對的政治原則，而他認為政府形式（forma regiminis）只能根據這兩種原則來畫分 [54]。所謂「共和主義」，是「將（政府底）行政權與立法權分開」的政治原則，所以共和制的憲法只能採取代議制 [55]。依他的看法，共和憲法是唯一「本身為合法的且在道德上是善的」憲法 [56]。因此，其「永久和平底第一條確定條款」便是：「每個國家底公民憲法應當是共和制的。」[57]

康德政治哲學之核心概念是「法權」（Recht），因為依其看法，共和憲法之所以值得追求，是因為它是「唯一完全適合於人底法權的憲法」[58]。Recht一詞在德文裡有法律、權利、正當、公道諸義，在中文裡並無相對應或相近的概念。故筆者參照中

---

53 *Zum ewigen Frieden, KGS*, Bd. 8, S. 352；亦參閱*Metaphysik der Sitten, KGS*, Bd. 8, S. 338f.

54 *Zum ewigen Frieden*, a.a.O., S. 352.

55 同上註，S. 352f.；參閱*Metaphysik der Sitten*, a.a.O., S. 341.

56 *Der Streit der Fakultäten, KGS*, Bd. 7, S. 85.

57 *Zum ewigen Frieden*, a.a.O., S. 349.

58 同上註，S. 366.

國大陸學者的習慣,取其最主要個兩項意義,勉強譯為「法權」。這個概念很典型地反映了德國古典政治哲學之特性,因為它跨越道德領域與政治領域(包括法律)。在英文裡便沒有這樣的概念。這個概念在康德政治哲學中的重要性在於:康德一方面藉它來聯繫道德領域與政治領域,另一方面又藉它對倫理學和政治哲學作原則性的區分。我們可以套用佛教常用的說法,說道德與政治在康德哲學中的關係是「不即不離」。

康德係由貫串其整個實踐哲學的「形式主義」觀點來界定道德與政治間這種「不即不離」的關係。康德倫理學往往被稱為「形式主義倫理學」(雖然多半是基於誤解),這是因為他認為真正的道德法則必須是「形式原則」,也就是說,它不能在內容方面有所預設。因為只要道德法則預設了任何特定的內容(目的),它就不夠資格作為普遍的法則,而要求無條件的服從。因此,如果說康德倫理學是形式主義的,它也必然同時是普遍主義的;這兩者是一事之兩面[59]。基於這種「形式主義」的觀點,他將道德法則表達為一項「定言令式」(kategorischer Imperativ):「**僅依據你能同時意願它成為一項普遍法則的那項格律而行動。**」[60] 這項定言令式僅提出一項形式的要求,即格律之可普遍化。此外,要特別注意的是「意願」(wollen)一詞。這顯示:道德法則之要求主要是針對人的存心,而非外在行為。所以,康德倫理學也被稱為「存心倫理學」(Gesinnungsethik)。

---

59 關於康德的形式主義倫理學,請參閱拙著:《儒家與康德》,頁53-58。
60 *Grundlegung zur Metaphysik der Sitten, KGS*, Bd. 4, S. 421.

　　康德的「法權」概念即是由上述的「定言令式」衍生出來，
或者不如說，是這項定言令式之外在化。根據他的定義，「法
權是使一個人底意念得以與他人底意念根據一項普遍的自由法
則統合起來的條件之總合」[61]。同時，他也以一項定言令式來表
達「法權底普遍法則」：「外在行爲要如此，亦即你的意念之
自由運用能與每個人底自由根據一項普遍法則而並存。」[62] 在
康德的政治哲學中，這項法權原則是一切公民憲法之最高原
則。它與道德法則相同之處在於：它不但出於純粹實踐理性之
要求 [63]，其自身也是一項形式原則。由此可見兩者之「不離」。
它之所以別於道德法則者，則在於：它僅規範人的外在行爲，
而不論其存心。由此可見兩者之「不即」。

　　就「不離」一面而言，康德的民主理論就像其倫理學一樣，
具有理想主義與普遍主義的特性。這種特性使民主政治可以超
越不同的社會條件與文化傳統，而具有普遍的價值論基礎。懋
思便頗具慧眼地看出康德政治哲學的優點：「正因爲康德的法
權原則避免將一種有內容的普遍性實體化，而僅將各特殊者的
協調化之程序因素決定爲普遍者，故此原則是唯一還能使一個
多元且多文化的社會統合起來的原則。」[64]

　　就「不即」一面而言，康德的政治哲學具有明顯的現代性格，
因爲他承認政治是一個獨立的領域，有其自身的運作邏輯。他一

---

61 *Metaphysik der Sitten*, *KGS*, Bd. 6, S. 230；參閱"Über den Gemeinspruch: Das mag
　　in der Theorie richtig sein, taugt aber nicht für die Praxis", *KGS*, Bd. 8, S. 289f.

62 同上註，S. 231.

63 "Über den Gemeinspruch: Das mag in der Theorie richtig sein, taugt aber
　　nicht für die Praxis", a.a.O., S. 290.

64 Maus: *Zur Aufklärung der Demokratietheorie*, S. 10.

方面反對馬基維利式的政治哲學，強調政治不應違反道德。所以
他說：「〔…〕我固然能設想一個道德的政治家(亦即一個將治
國底原則看成能與道德並存的人)，但卻無法設想一個政治的道
德家(他編造出一套有助於政治家底利益的道德)。」[65] 但另一方
面，他對政治與道德的分際也有清楚的說明。他在《論永久和平》
中談到建立「共和憲法」的可能性時寫道：

> 共和憲法是唯一完全適合於人底法權的憲法，但也是
> 最難建立、甚至更難維持的憲法。因此，許多人斷言：
> 這得是一個天使之國才行，因為人類憑其自私的愛
> 好，並無能力擁有形式如此細緻的憲法。[66]

盧梭在《社會契約論》第3卷第4章〈論民主制〉的結尾寫道：
「如果有一個神明的民族，他們便可以用民主制來治理。但是
這樣一種完美的政府並不適合於人類。」便是代表這種觀點。
但康德並不認為人民的道德素質是實施民主制度的條件，而毋
寧以後者為前者之條件 [67]。所以，他接著說：

> 建國底問題不論聽起來是多麼艱難，甚至對於一個魔
> 鬼底民族(只要他們有理智)也是可解決的。這個問題
> 是：「要安排一群有理性者(他們為了其生存，均要求

---

65 *Zum ewigen Frieden*, a.a.O., S. 372.

66 同上註，S. 366.

67 他在《論永久和平》中寫道：「〔…〕我們不能由道德去指望良好的
國家憲法，而不如反過來，由良好的國家憲法才能指望一個民族之良
好的道德教化。」(同上註)

共通的法律，但每個人卻暗自想要豁免於這些法律），
並且建立其憲法，使他們雖然在個人的存心中彼此對
抗，但卻相互抑制其存心，致使在其公開的舉止中，
其結果彷彿是他們並無這種邪惡的存心。」這樣的一
個問題必然是**可以解決的**。因為這項課題並不要求知
道人類在道德上的改善，而只要求知道：我們如何能
利用自然在人類中的機械作用，以便調整在一個民族
中人類不和諧的存心之衝突，使得這些存心必然互相
強迫對方去服從強制性法律，且因此產生和平狀態（在
這種狀態中，法律有效力）。[68]

換言之，政治固然不應違反道德，甚至必須以道德原則為基礎，
但它並非道德之直接延伸，而是要符合權力運作的邏輯。由於
法權原則僅規範人的外在行為，故民主政治之建立並不以人民
道德素質之改善為必要條件。基於同樣的理由，康德也不認為
統治者的素質是實施民主制度的必要條件。故他說：「君王從
事哲學思考，或者哲學家成為君王，這是不可遇，亦不可求的；
因為權力之佔有必然會腐蝕理性底自由判斷。」[69] 由此可見：
其政治哲學已超越了以柏拉圖的「哲王」思想和儒家的「德治」
思想為代表之傳統政治觀。

在康德的政治哲學中還有一點特別值得注意：儘管他以啟蒙
之子自居，相信人類歷史終會達到其目標，即永久和平，但是他
並未輕忽人性之陰暗面。上文已說過，他提出「根本惡」之說，

---

68 *Zum ewigen Frieden*, a.a.O., S. 366.
69 同上註，S. 369.

來解釋「道德之惡」的形成。

此外，他對於在建立一個民主社會的過程中可能遭遇到的困難亦有深刻的了解。譬如，他在〈在世界公民底觀點下的普遍歷史之理念〉一文中便強調：建立「一個普遍地管理法權的公民社會」——亦即民主社會——是「最困難、且最後為人類所解決的問題」[70]。這是因為人都有私欲，除非受到當權者的限制，否則總會濫用其自由；而當權者也是人，也有同樣的問題。因此，康德說：「這項任務是所有任務當中最艱難的一項；甚至其完全解決是不可能的：從造就人的那種曲木，無法造出完全直的東西。」[71] 這些都屬於張灝先生所說的「幽暗意識」。但與張先生不同的是：康德並未從人性之陰暗面去論證民主政治之必要性與可能性。對於康德而言，民主制度之所以必須建立，是因為它是唯一合乎法權原則的制度，而法權是我們的純粹實踐理性（道德主體）之要求。至於民主制度之可能性，他認為有賴於三項要件，即是「對於一部可能的憲法底性質的正確概念、經過許多世事磨煉的豐富歷練，以及最重要的是，一個為採納這個理念而準備的善的意志」[72]。

根據上文對孟子性善說的分析來看，康德將「善的意志」視為民主政治成立之最重要條件，與當代新儒家以性善說作為民主理論之依據，實有相同的理論意涵。

<hr>

70 "Idee zu einer allgemeinen Geschichte in weltbürgerlicher Absicht", *KGS*, Bd. 8, S. 22f.

71 同上註，S. 23.

72 同上註。

6

當代新儒家的民主理論經常受到的一項批評是：它僅停留在形上學的抽象層面，而不能落實到政治、法律、社會、經濟等具體層面上 [73]。這類的批評儘管可能是基於誤解，但亦非全無道理。因爲當代新儒家的主要代表多半是哲學家，或者是廣義的思想家，他們之偏於抽象思辨是可以理解的。以性善說與民主政治之關係爲例，即使是牟宗三先生的「良知之自我坎陷」說——這或許是新儒家有關這個問題最完整的理論——也只是提出原則性的說明，而未進一步在具體的問題層面上鋪展開來。但若有人因此而反過來質疑其理論的有效性，筆者以爲未必公允。筆者在上一節概述康德的民主理論，即是要顯示：第一，以性善說爲基礎的民主理論並非不可能建立；第二，這種民主理論亦有向現實層面開展的可能性。

當代新儒家的民主理論一方面以心性論作爲基礎，因而保留傳統儒家「內聖外王」的思想架構，另一方面又無意停留在「聖君賢相」的傳統政治格局中，而是進一步肯定發展民主政治的必要性。牟宗三先生的「良知之自我坎陷」說將「內聖」（心性之學）通往「外王」（民主政治）的思想歷程理解爲一個間接的辯證過程，以曲通代替直通，即是要在「內聖外王」的思想架

---

73 此類的例子極多，最近的例子請參閱陳忠信先生的〈新儒家「民主開出論」的檢討〉一文及楊儒賓先生的〈人性、歷史契機與社會實踐——從有限的人性論看牟宗三的社會哲學〉一文，俱刊於《臺灣社會研究》，第1卷第4期(1988年冬季號)。

構中，給民主政治一個恰當的定位。這套民主理論一方面可在
價值論的基礎上證成民主政治，另一方面又可釐清道德與政治
之分際，保住政治領域的獨立性。換言之，內聖與外王之關係
在此也是「不即不離」的。就基本型態之相同而言，當代新儒
家與康德的民主理論可說是遙相呼應。因此，當代新儒家如要
進一步發展其民主理論，當可從康德那裡擷取不少思想資源。

此外，康德的例子也充分顯示：「樂觀主義」、「悲觀主義」
這類的字眼往往只有表面的意義，很難說明什麼。作為啓蒙之
子，康德相信人類史大體上是進步的，也相信民主政治、乃至永
久和平是可以達致的；就此而言，他應當是樂觀的。但是作為人
性的探究者，他洞悉人性中的「根本惡」，也深刻地了解這種「惡」
可能妨礙人類理想之達成到什麼程度；就此而言，他似乎又是悲
觀的。悲觀還是樂觀，端視你從什麼角度來看。同樣的，說儒家
相信人性本善，因而是樂觀主義，也沒有多大的意義。牟先生在
《圓善論》中談到儒家的「命」概念時，意味深長地指出：

> 西方宗教家看了儒家說人人皆可以為聖人（孟子說為
> 堯舜），便以為儒家是樂觀主義。其實儒家既不是樂觀
> 主義，亦不是悲觀主義，因為道德實踐之事乃是**超越**
> 了那「可以用悲觀或樂觀字眼去說之」的問體〔題〕
> 之上者。何以故？因為它是一個「求之在我，求有益
> 于得，而又知其為無窮無盡」的問題。求之在我，求
> 有益于得，則無所用其**悲觀**。知其為無窮無盡，則無
> 所用其**樂觀**。悲觀者希望達到某種特定目的，或期望
> 解決某種特定的問題，而主觀上卻以為**無法達到或解**

決之之謂也。樂觀者則反是，儘管他亦不知如何解決之或達到之，然而他主觀上卻相信總有法可以解決之或達到之。因此，悲觀樂觀乃是對于無辦法的客觀之事之一種主觀的態度，這種態度不能用之于**道德實踐**之問題。因此，說儒家為樂觀主義乃是無謂者。因為他雖知「求則得之，舍則失之」，然並非不知有險阻者，即他同時亦知「有命存焉」。他雖知有命存焉，卻不是命定主義，因此亦無所謂悲觀。基督教認自己不能克服罪惡，一切交給上帝，你得不得救只有訴諸上帝來決定，這才徹底落于命定主義，因而亦是悲觀主義。結果只靠盲信（空頭的信即是盲信）來維持其激情利欲之生命，其激情利欲之生命所以不至使社會混亂崩潰者乃在客觀的社會制度（法治、民主政治）之制衡與疏通以及科學技術之不斷增進與不斷的解決問題。西方文化固有其精采，其精采即在此。宗教不能說沒有其作用，但其作用只成消極的；積極的作用乃在科學，法制，與民主政治。因此，西方文化，整個以觀，有許多實點，只有一個點是**虛點**，即作為人世之**核心的道德實踐**成了**虛點**，因為是虛點，所以亦成了盲點。這裡既成了盲點，是故其宗教亦**虛而不實**。道德既盲，宗教既虛，是故科學技術與民主政治亦未能使社會達至其善成之境。此是西方文化之弊也。[74]

---

74 牟宗三：《圓善論》（臺北：臺灣學生書局，1985年），頁155-156。

　　對於「幽暗意識」說，以及建立於其上的民主理論，這段話可說是極有力的批評。因爲誠如唐君毅先生所說（見上文第三節所引），在基督教的「原罪說」中所隱含的命定主義與民主政治的理論前提——人的尊嚴與自由——是相互矛盾的，因而正可能成爲極權主義之溫床。觀乎波柏在《歷史預定論之貧乏》（*The Poverty of Historicism*）一書中對馬克思的歷史預定論之批評，便知其中的關聯。就此而言，「幽暗意識」說不但無助於理解民主政治的本質，反而模糊了問題的焦點。因此，筆者完全同意胡平先生對張先生的一段批評：

> 當張灝教授説毛澤東的錯誤在於他過度的「理想主義」，在於他「忽略了人性中的幽暗面」，那剛好把事情弄反了。毛澤東改造人性的龐大計畫，恰恰是借助於極端的「胡蘿蔔加大棒」手段。不是人的自私、腐敗，而是人的正義感、尊嚴感、自由意志，才是阻止毛澤東改造人性計畫獲得成功的基本因素。不是因為人太卑下，配不上他那套宏偉的理想；而是因為人太崇高，所以終究不能受制於他那套桎梏。共產制度的失敗，從表面上看，似乎證明了人不可能變得那麼高尚；但從深處看，其實它更是證明了人不可能變得那麼下賤。如果我們只見其一不見其二，那麼我們不論是對人性還是對共產制度都還停留在一個很膚淺的認識層次上。[75]

---

75 胡平：〈儒家人性論與民主憲政〉，頁118。

最後，以性善說爲基礎的民主理論還有一項重要的意義，
即是：它可以針砭過分相信民主機制的制度論者。上文已說過，
傳統儒家並非不重視制度，但亦不相信制度是萬能的。這種態
度對於民主政治之維持是必要的。英國學者沃爾海穆（Richard
Wollheim）在列舉幾種對代議民主制的批評之餘，總結道：

> 或許從這些反對理由所學到的最重要的一點敎訓是：
> 民主無法自我保證。它可能遭受的危險一則來自爲了
> 施行它而設計的機制，再則來自社會中的其他因素。
> 有人稱之爲一種「預計到的危險」（calculated risk），實
> 不無道理。[76]

對於制度本身的弱點保持警覺，或許才是民主制度之最佳保
障，而這種警覺是「幽暗意識」說所無法提供的。

---

76 Richard Wollheim: "Democracy", *Journal of the History of Ideas*, Vol. 19
（1958）, p. 237.

參考文獻

一、中日文文獻：

弓英德：〈孟子養氣章幾個疑難句子的淺釋〉。《孔孟月刊》，第2
　　卷第1期（1963年9月）。

方東樹：《漢學商兌》。臺北：廣文書局，1977年。

毛子水：〈孟子養氣章新校注〉。《中華文化復興月刊》，第2卷第11
　　期（1969年11月）。

王夫之：《禮記章句》，收入《船山全書》，第4冊（長沙：嶽麓書社，
　　1991年）。

───：《讀四書大全說》，收入《船山全書》，第6冊（長沙：嶽麓
　　書社，1991年）。

───：《四書箋解》，收入《船山全書》，第6冊（長沙：嶽麓書社，
　　1991年）。

王先謙：《荀子集解》。臺北：世界書局，1978年，收入《新編諸子
　　集成》第6冊。

王安石：《臨川先生文集》。臺北：臺灣商務印書館，1979年，收入
　　　　《四部叢刊正編》第46冊。

左海倫：〈說孟子公孫丑篇中的「浩然之氣」〉。《東方雜誌》，復
　　　　刊第3卷第11期（1970年5月）。

甘　陽：《我們在創造傳統》。臺北：聯經出版公司，1989年。

田　浩（Hoyt C. Tillman）：《朱熹的思維世界》。臺北：允晨文化公司，1996
　　　　年。

田　浩著、姜長蘇譯：《功利主義儒家——陳亮對朱熹的挑戰》。南
　　　　京：江蘇人民出版社，1997年。

朱伯崑：傅佩榮著《儒家哲學新論》書評。《哲學雜誌》，第7期（1994
　　　　年1月）。

朱維錚：《走出中世紀》。上海：上海人民出版社，1987年。

───：《求索真文明》。上海：上海古籍出版社，1997年。

朱　熹：《四書集注》。臺北：臺灣中華書局，四部備要本。

───：《朱子語類》。臺北：文津出版社，1986年，據北京中華書
　　　　局1986年版翻印。

───：《朱子遺書》。臺北：藝文印書館，1971年，據清康熙中禦
　　　　兒呂氏寶誥堂重刻白寮洞原本影印。

───：《朱熹集》。郭齊、尹波點校，成都：四川教育出版社，1996年。

江藩等、朱維錚編：《漢學師承記（外二種）》。北京：三聯書店，1998年。

牟宗三（譯註）：《康德的道德哲學》。臺北：臺灣學生書局，1982年。

牟宗三：《心體與性體》。臺北：正中書局，1968/1969年。

───：《生命的學問》。臺北：三民書局，1970年。

───：《智的直覺與中國哲學》。臺北：臺灣商務印書館，1971年。

———：《才性與玄理》。臺北：臺灣學生書局，1974年。

———：《現象與物自身》。臺北：臺灣學生書局，1975年。

———：《歷史哲學》。臺北：臺灣學生書局，1976年。

———：《道德的理想主義》。臺北：臺灣學生書局，1978年。

———：《時代與感受》。臺北：鵝湖出版社，1984年。

———：《圓善論》。臺北：臺灣學生書局，1985年。

———：《政道與治道》。臺北：臺灣學生書局，1987年。

———：〈我所認識的梁漱溟先生〉。原刊於1988年6月25日《中央日報副刊》，後刊於《鵝湖月刊》，第157期(1988年7月)；亦收入陸鏗、梁欽東編：《中國的脊樑——梁漱溟先生紀念文集》(香港：百姓文化公司，1990年)。

———：《中西哲學之會通十四講》。臺北：臺灣學生書局，1990年。

何信全：〈在傳統中探尋自由民主的根源——徐復觀對儒家政治哲學之新詮釋〉。收入李明輝編：《當代新儒家人物論》(臺北：文津出版社，1994年)。

———：《儒學與現代民主——當代新儒家政治哲學研究》。臺北：中央研究院中國文哲研究所，1996年。

何晏注、邢昺疏：《論語注疏》。臺北：臺灣中華書局，四部備要本。

何敬群：〈孟子知言養氣章要義研究〉。《人生》，第17卷第4期(1959年1月1日)。

何澤恆：《焦循研究》。臺北：大安出版社，1990年。

呂　坤：《呻吟語》。臺北：河洛圖書公司，1974年。

宋顯昌：〈試論孟子的「浩然之氣」〉。《杭州大學學報・哲學社會科學版》，第18卷第4期(1988年12月)。

岑溢成：〈孟子「知言」初探〉。《鵝湖月刊》，第40期（1978年10月）。

李明輝：《儒家與康德》。臺北：聯經出版公司，1990年。

──：《儒學與現代意識》。臺北：文津出版社，1991年。

──：《康德倫理學與孟子道德思考之重建》。臺北：中央研究院
　　　中國文哲研究所，1994年。

──：《當代儒學之自我轉化》。臺北：中央研究院中國文哲研究
　　　所，1994年。

──：〈從康德的實踐哲學論王陽明的「知行合一」說〉。《中國
　　　文哲研究集刊》，第4期（1994年3月）。

──：〈康德的「歷史」概念〉。《中國文哲研究集刊》，第7期（1995
　　　年9月）。

──：〈存心倫理學、責任倫理學與儒家思想〉。《臺灣社會研究》，
　　　第21期（1996年元月）。

──：〈牟宗三先生的哲學詮釋中之方法論問題〉。原刊於《中國
　　　文哲研究集刊》，第8期（1996年3月），後收入李明輝編：《牟
　　　宗三先生與中國哲學之重建》（臺北：文津出版社，1996年）。

──：〈劉蕺山論惡之根源〉。收入鍾彩鈞編：《劉蕺山學術思想
　　　論集》（臺北：中央研究院中國文哲研究所，1998年）。

李明輝（編）：《孟子思想的哲學探討》。臺北：中央研究院中國文哲
　　　研究所，1995年。

李　滉：《增補退溪全書》。漢城：成均館大學校出版部，1991年。

李澤厚：《中國古代思想史論》。臺北：三民書局，1996年。

杜正勝：〈形體、精氣與魂魄──中國傳統對「人」認識的形成〉。
　　　《新史學》，第2卷第3期（1991年9月）。

汪榮寶：《法言義疏》。北京：中華書局，1987年。

周群振：〈孟子知言養氣章研究〉。 原刊於《民主評論》，第13卷第
　　　　19/20期（1962年10月5/20日）；後略加改動，易名爲〈孟子知言
　　　　養氣章章句義釋〉，刊於《鵝湖月刊》，第109期（1984年7月），
　　　　並收入周群振：《儒學探源》（臺北：鵝湖出版社，1986年）。

林毓生：《思想與人物》。臺北：聯經出版公司，1983年。

────：《政治秩序與多元社會》。臺北：聯經出版公司，1989年。

林慶彰：〈焦循《孟子正義》及其在孟子學之地位〉。收入黃俊傑編：《孟
　　　　子思想的歷史發展》（臺北：中央研究院中國文哲研究所，1995
　　　　年）。

金景芳、呂紹綱：《周易全解》。長春：吉林大學出版社，1989年。

信廣來：〈《孟子‧告子上》第六章疏解〉。收入李明輝編：《孟子思
　　　　想的哲學探討》（臺北：中央研究院中國文哲研究所，1995年）。

俞　樾：《諸子平議》。臺北：世界書局，1978年，收入《新編諸子
　　　　集成》第8冊。

姜廣輝：〈明清實學研究現況述評〉，《中國文哲研究通訊》，第2
　　　　卷第4期（1992年12月）。

────：《走出理學》。瀋陽：遼寧教育出版社，1997年。

胡　平：〈儒家人性論與民主憲政──與張灝教授商榷〉。原刊於《中國
　　　　論壇》，第374期（1991年11月），後收入胡平：《從自由出發──
　　　　歷史的良心與良心的歷史》（臺北：風雲時代出版公司，1994
　　　　年）。

胡簪雲：〈「知言」、「持志」與「養氣」──孟子丑問章試解〉。《人
　　　　生》，第12卷第9期（1956年9月15日）。

韋政通（編）：《中國哲學辭典》。臺北：大林出版社，1980年。

凌廷堪：《校禮堂文集》。北京：中華書局，1998年。

唐君毅：《說中華民族之花果飄零》。臺北：三民書局，1974年。

───：《中華人文與當今世界》。臺北：臺灣學生書局，1975年。

───：《中國哲學原論‧原道篇‧卷一》。臺北：臺灣學生書局，1976年。

───：《文化意識與道德理性》。臺北：臺灣學生書局，1978年。

───：《人文精神之重建》。臺北：臺灣學生書局，1988年。

孫星衍：《問字堂集‧岱南閣集》。北京：中華書局，1996年。

孫詒讓：《墨子閒詁》。臺北：世界書局，1978年，收入《新編諸子
　　　集成》第6冊。

徐復觀：《中國思想史論集》。臺北：臺灣學生書局，1993年。

───：《中國人性論史‧先秦篇》。臺北：臺灣商務印書館，1969年。

徐復觀著、蕭欣義編：《儒家政治思想與民主自由人權》。臺北：臺
　　　灣學生書局，1988年。

殷海光：〈跟著五四的腳步前進〉。《自由中國》，第18卷第9期（1958
　　　年5月1日）。

袁保新：〈天道、心性與歷史──孟子人性論的再詮釋〉。《哲學與
　　　文化》，第22卷第11期（1995年11月）。

康德著、李明輝譯：《道德底形上學之基礎》。臺北：聯經出版公司，1990　年。

張九成：《孟子傳》。臺北：世界書局，1986年，收入《景印摛藻堂
　　　四庫全書薈要》第71冊。

張君勱：《新儒家思想史》。臺北：張君勱先生獎學金基金會，1980年。

張君勱著、程文熙編：《中西印哲學文集》。臺北：臺灣學生書局，
　　　1981年。

張　栻：《孟子說》。臺北：世界書局，1986年，收入《景印摛藻堂四庫全書薈要》第70冊。

張壽安：《以禮代理——凌廷堪與清中葉儒家思想之轉變》。臺北：中央研究院近代史研究所，1994年。

張　灝：《幽暗意識與民主傳統》。臺北：聯經出版公司，1989年。

梁漱溟：《中國民族自救運動之最後覺悟》。收入《民國叢書》（上海：上海書店，1992年），第4編第14冊。

郭沫若：《十批判書》。北京：科學出版社，1956年。

陳大齊：〈孟子「浩然之氣」淺釋〉。《國立政治大學學報》，第9期（1964年）。

陳忠信：〈新儒家「民主開出論」的檢討〉。《臺灣社會研究》，第1卷第4期（1988年冬季號）。

陳　亮：《陳亮集》。北京：中華書局，1987年增訂本。

陳　拱：〈論孟子之不動心氣與養氣〉。《東海學報》，第5卷第1期（1963年6月）。

陳榮捷（編）：《王陽明傳習錄詳註集評》。臺北：臺灣學生書局，1983年。

陳　確：《陳確集》。北京：中華書局，1979年。

陸九淵：《陸九淵集》。臺北：里仁書局，1981年。

傅佩榮：《儒家哲學新論》。臺北：業強出版社，1993年。

傅斯年：《性命古訓辨證》。收入《傅斯年全集》（臺北：聯經出版公司，1980年），第2冊。

勞思光：《新編中國哲學史》。（臺北：三民書局，1984年）。

曾昭旭：〈孟子知言養氣章述解〉。《鵝湖月刊》，第4期（1975年10月）。

焦　循：《雕菰集》。臺北：鼎文書局，1977年。

———：《孟子正義》。臺北：文津出版社，1988年。

———：《易學三書》。臺北：廣文書局，1970年。

程兆熊：〈從孟子養氣之理以論個人與國家民族氣概之產生〉。《人
生》，第20卷第9/10期（1960年9月16日/10月1日）。

程瑤田：《通藝錄·論學小記》。收入《安徽叢書》（臺北：藝文印書館，
1971年，據清嘉慶八年本影印，《叢書集成三編》之20），第3函。

程樹德：《論語集解》。臺北：鼎文書局，1973年。

程顥、程頤：《二程集》。臺北：里仁書局，1982年。

馮友蘭：〈孟子浩然之氣章解〉。收入馮友蘭：《三松堂學術文集》（北
京：北京大學出版社，1984年）。

———：《中國哲學史新編》。臺北：藍燈文化事業公司，1991年。

黃宗羲著、沈善洪主編：《黃宗羲全集》。杭州：浙江古籍出版社，
1985-1994年。

黃俊傑：《儒家傳統與文化創新》。臺北：東大圖書公司，1986年。

———：〈朱子對孟子知言養氣說的詮釋及其迴響〉。《清華學報》，
新18卷第2期（1988年12月）。

———：《孟學思想史論·卷一》。臺北：東大圖書公司，1991年。

———：《孟子》。臺北：東大圖書公司，1993年。

———：《孟學思想史論·卷二》。臺北：中央研究院中國文哲研究
所，1997年。

黃敏浩：〈劉宗周「四句」的詮釋〉。《中國文哲研究通訊》，第8
卷第3期（1998年9月）。

黃進興：〈所謂「道德自主性」：以西方觀念解釋中國思想之限制的
例證〉。原刊於《食貨月刊》第14卷第7/8期合刊（1984年10

月20日），後收入黃進興：《優入聖域——權力、信仰與正當性》（臺北：允晨文化出版公司，1994年）。

楊一峰：〈孔門養勇之功淺測〉。《孔孟學報》，第20期（1969年9月）。

———：〈孟子浩然之氣淺釋〉。《孔孟學報》，第22期（1971年9月）。

楊祖漢：〈朝鮮儒者關於「四端七情」問題的討論〉。收入楊祖漢：《儒家的心學傳統》（臺北：文津出版社，1992年）。

———：〈牟宗三先生對儒學的詮釋——回應楊澤波的評議〉。收入李明輝編：《儒家思想的現代詮釋》（臺北：中央研究院中國文哲研究所，1997年）。

楊儒賓：〈人性、歷史契機與社會實踐——從有限的人性論看牟宗三的社會哲學〉。《臺灣社會研究》，第1卷第4期（1988年冬季號）。

———：〈論孟子的踐形觀——以持志養氣為中心展開的工夫論面相〉。原刊於《清華學報》，新20卷第1期（1990年6月），後收入楊儒賓：《儒家身體觀》（臺北：中央研究院中國文哲研究所，1996年）。

楊澤波：《孟子性善論研究》。北京：中國社會科學出版社，1995年。

溝口雄三：《中國前近代思想の屈折と展開》。東京：東京大學出版會，1980年。

葉世昌、馬新愛：〈陳亮主張「義利雙行」說質疑——兼論陳亮、朱熹在義利觀上的分歧〉。《孔孟月刊》，第35卷第8期（1997年4月）。

趙岐註、孫奭疏：《孟子注疏》。臺北：臺灣中華書局，四部備要本。

趙　航：《揚州學派新論》。南京：江蘇文藝出版社，1991年。

趙順孫：《孟子纂疏》。收入《文淵閣四庫全書》（臺北：臺灣商務印書館，1986年），第201冊。

劉宗周著、戴璉璋、吳光主編：《劉宗周全集》。臺北：中央研究院

中國文哲研究所，1996年。

劉述先：《黃宗羲心學的定位》。臺北：允晨文化公司，1986年。

劉述先、鄭宗義：〈從道德形上學到達情遂欲──清初儒學新典範論析〉。收入劉述先、梁元生編：《文化傳統的延續與轉化》（香港：香港中文大學出版社，1999年）。

蔡仁厚：〈孟子知言養氣章闡義〉。《文藝復興月刊》，第15期（1971年3月）。

───：《孟子要義》。臺北：臺灣書店，出版年代不詳。

───：《孔孟荀哲學》。臺北：臺灣學生書局，1990年。

───：〈孟子的學術批評〉。《鵝湖月刊》，第99期（1983年9月）。

鄭力為：《孟子養氣論詮辨》。《鵝湖學誌》，第7期（1991年12月）。

鄭宗義：〈知識、思辯與感觸──試從中國哲學研究論牟宗三先生的方法論觀點〉。《鵝湖學誌》，第18期（1997年6月）。

鄧廣銘：〈朱陳論辯中陳亮王霸義利觀的確解〉。收入《鄧廣銘治史叢稿》（北京：北京大出版社，1997年）。

錢大昕：《潛研堂文集》。收入《四部叢刊》正編（臺北：臺灣商務印書館，1978年），第89冊。

錢　穆：《中國近三百年學術史》，收入《錢賓四先生全集》（臺北：聯經出版公司，1998年），第16冊。

錢鍾書：《管錐編》。臺北：書林出版公司，1990年。

戴君仁：〈「不得於言勿求於心不得於心勿求於氣」別解〉。《孔孟月刊》，第7卷第3期（1968年9月）。

───：〈孟子知言養氣章〉。收入《大陸雜誌語文叢書》第1輯第1冊「通論・經學」（臺北：大陸雜誌社，1963年）。

戴震著、張岱年主編:《戴震全書》。合肥:黃山書社,1995年。

龐　樸:〈告子小探〉,《文史》,第1輯(北京:中華書局,1962年10
　　月)。

顧　昕:《黑格爾主義的幽靈與中國知識份子──李澤厚研究》。臺
　　北:風雲時代出版公司,1994年。

二、西文文獻:

Chang, Hao (張灝): "Some Reflections on the Problems of the Axial-Age
　　Break-through in　Relation to Classical Confucianism". In: Paul
　　A. Cohen & Merle Goldman (ed.), *Ideas Across Cultures: Essays
　　on Chinese Thought in Honor of Benjamin I. Schwartz* (Cam-
　　bridge/Mass.: Harvard University Press 1990).

Ching, Julia (秦家懿): "Chinese Ethics and Kant". *Philosophy East and
　　West*, Vol. 28, No. 2 (April, 1978).

Fichte, J.G.: "Zweite Einleitung in die Wissenschaftslehre". In: *Fichte
　　Werke* (Berlin: de Gruyter 1971), Bd. 1.

Gadamer, H.G.: *Hermeneutik I: Wahrheit und Methode. Grundzüge einer
　　philosophischen Hermeneutik.* Tübingen: J.C.B. Mohr 1986.

────: *Hermeneutik II: Wahrheit und Methode. Ergänzungen.* Tübingen:
　　J.C.B. Mohr 1993.

Guggenberger, Bernd: Artikel "Demokratietheorie". In: Dieter Nohlen &
　　Rainer-Olaf Schultze (Hgg.), *Pipers Wörterbuch zur Politik*, Bd.
　　1 (München: Piper 1985).

Hartmann, Nicolai: *Ethik*. Berlin: de Gruyter 1962.

Hegel, G.W.F.: *Enzyklopädie der philosophischen Wissenschaften.* In: *G.W.F. Hegel: Werke,* Theorie Werkausgabe (Frankfurt/M 1969ff.), Bde. 8-10.

Henrich, Dieter: *Selbstverhältnisse*. Stuttgart: Reclam 1982.

Huang, Chun-chieh (黃俊傑): "'Knowing Words' and 'Nourishing Ch'i': Mencius, Chu Hsi, and Later Interpreters".中央研究院三民主義研究所《人文及社會科學集刊》，第2卷第1期(1989年11月)。

Kant, Immanuel: *Grundlegung zur Metaphysik der Sitten.* In: *Kants Gesammelte Schriften* (Akademieausgabe), Bd. 4.

——: *Kritik der praktischen Vernunft.* In: *Kants Gesammelte Schriften*, Bd. 5.

——: *Religion innerhalb der Grenzen der bloßen Vernunft.* In: *Kants Gesammelte Schriften*, Bd. 6.

——: *Metaphysik der Sitten.* In: *Kants Gesammelte Schriften*, Bd. 6.

——: *Der Streit der Fakultäten.* In: *Kants Gesammelte Schriften*, Bd. 7.

——: *Zum ewigen Frieden.* In: *Kants Gesammelte Schriften*, Bd. 8.

——: "Idee zu einer allgemeinen Geschichte in weltbürgerlicher Absicht". In: *Kants Gesammelte Schriften*, Bd. 8.

——: "Über den Gemeinspruch: Das mag in der Theorie richtig sein, taugt aber nicht für die Praxis". In: *Kants Gesammelte Schriften*, Bd. 8.

——: *Kritik der reinen Vernunft.* Hg. von Raymund Schmidt, Hamburg: Felix Meiner 1976.

Lee, Ming-huei (李明輝): *Das Problem des moralischen Gefühls in der Entwicklung der Kantischen Ethik.* Taipei: Institute of Chinese Literature and Philosophy/Academia Sinica 1994.

———— : "Die Autonomie des Herzens - Eine philosophische Deutung der ersten Hälfte von *Meng-tzu* 2A:2". *Oriens Extremus*, 38. Jg. (1995), Heft 1/2.

Maus, Ingeborg: *Zur Aufklärung der Demokratietheorie*. Frankfurt/M: Suhrkamp 1992.

Menzer, Paul (Hg.): *Eine Vorlesung Kants über Ethik*. Berlin: Rolf Heise 1924.

Palmer, R. R.: "Notes on the Use of the Word 'Democracy'". *Political Science Quarterly*, Vol. 63 (1953).

Piaget, Jean: *The Moral Judgment of the Child*. Translated by Marjorie Gabain, London: Kegan Paul, Trence, Trubner 1932.

Powell, G. Bingham: "Liberal Democracies". In: Mary Hawkesworth & Maurice Kogan (ed.), *Encyclopedia of Government and Politics* (London: Routledge 1992), Vol. I.

Roetz, Heiner: *Die chinesische Ethik der Achsenzeit*. Frankfurt/M: Suhrkamp 1992.

Sabine, George H.: "The Two Democratic Traditions". *The Philosophical Review*, Vol. 61 (1952).

Sartori, Giovanni: *The Theory of Democracy Revisited*. Chatham/New Jersey: Chatham House 1987.

Scheler, Max: *Der Formalismus in der Ethik und die materiale Wertethik*. Bern: Francke 1966.

Shell, Kurt L.: Artikel "Demokratie". In: Everhard Holtmann (Hg.), *Politik-Lexikon* (München: R. Oldenbourg 1994).

Shun, Kwong-loi (信廣來): *Mencius and Early Chinese Thought*. Stanford:

Stanford University Press 1997.

Talmon, J. L.: *The Origins of Totalitarian Democracy*. London: Secker & Warburg 1952.

——: *Political Messianism: The Romantic Phase*. London: Secker & Warburg 1960.

Tillman, Hoyt C.: *Utilitarian Confucianism: Ch'en Liang's Challenge to Chu Hsi*. Cambridge/Mass.: Council on East Asian Studies/Harvard University 1982.

——: *Confucian Discourse and Chu Hsi's Ascendancy*. Honolulu: University of Hawaii Press, 1992.

Wollheim, Richard: "Democracy". *Journal of the History of Ideas*, Vol. 19 (1958).

人名索引

概念索引

孟子重探

2001年6月初版 　　　　　　　　　　定價：新臺幣200元
有著作權・翻印必究
Printed in Taiwan.

著　　者　李　明　輝
發 行 人　劉　國　瑞

出 版 者　聯 經 出 版 事 業 公 司　　責任編輯　沙　淑　芬
臺 北 市 忠 孝 東 路 四 段 5 5 5 號　　封面設計　邱　士　珍
電　　話：23620308・27627429
發行所：台北縣汐止市大同路一段367號
發行電話：2　6　4　1　8　6　6　1
郵 政 劃 撥 帳 戶 第 0 1 0 0 5 5 9 - 3 號
郵撥電話：2　6　4　1　8　6　6　2
印 刷 者　世 和 印 製 企 業 有 限 公 司

行政院新聞局出版事業登記證局版臺業字第0130號

國家圖書館出版品預行編目資料

孟子重探 / 李明輝著 . --初版 .
--臺北市：聯經，2001 年
208 面；14.8×21 公分 .

ISBN　957-08-2236-8(平裝)

1.（周）孟軻-學術思想-哲學

121.267　　　　　　　　　　　90008113

聯經經典

伊利亞圍城記	曹鴻昭譯	250
堂吉訶德(上、下)	楊絳譯	精500
		平400
憂鬱的熱帶	王志明譯	平380
追思錄—蘇格拉底的言行	鄺健行譯	精180
伊尼亞斯逃亡記	曹鴻昭譯	精330
		平250
追憶似水年華(7冊)	李恆基等譯	精2,800
大衛・考勃菲爾(上、下不分售)	思果譯	精700
聖誕歌聲	鄭永孝譯	150
奧德修斯返國記	曹鴻昭譯	200
追憶似水年華筆記本	聯經編輯部	180
柏拉圖理想國	侯健譯	280
通靈者之夢	李明輝譯	精230
		平150
道德底形上學之基礎	李明輝譯	精230
		平150
魔戒（一套共6冊）	張儷等譯	一套
		1680
難解之緣	楊瑛美編譯	250
燈塔行	宋德明譯	250
哈姆雷特	孫大雨譯	380
奧賽羅	孫大雨譯	280
李爾王	孫大雨譯	380
馬克白	孫大雨譯	260
新伊索寓言	黃美惠譯	280

現代名著譯叢

●本書目定價若有調整，以再版新書版權頁上之定價爲準●